Ressourcenorientierte
Netzwerkmoderation

Grafik von Anna Fuchs

Sibylle Friedrich

Ressourcenorientierte Netzwerkmoderation

Ein Empowermentwerkzeug in der Sozialen Arbeit

Dr. Sibylle Friedrich
Universität Hamburg
Deutschland

ISBN 978-3-531-17763-2 ISBN 978-3-531-94020-5 (eBook)
DOI 10.1007/978-3-531-94020-5

Die Deutsche Nationalbibliothek verzeichnet diese Publikation in der Deutschen Nationalbibliografie; detaillierte bibliografische Daten sind im Internet über http://dnb.d-nb.de abrufbar.

Springer VS
© VS Verlag für Sozialwissenschaften | Springer Fachmedien Wiesbaden 2012
Das Werk einschließlich aller seiner Teile ist urheberrechtlich geschützt. Jede Verwertung, die nicht ausdrücklich vom Urheberrechtsgesetz zugelassen ist, bedarf der vorherigen Zustimmung des Verlags. Das gilt insbesondere für Vervielfältigungen, Bearbeitungen, Übersetzungen, Mikroverfilmungen und die Einspeicherung und Verarbeitung in elektronischen Systemen.

Die Wiedergabe von Gebrauchsnamen, Handelsnamen, Warenbezeichnungen usw. in diesem Werk berechtigt auch ohne besondere Kennzeichnung nicht zu der Annahme, dass solche Namen im Sinne der Warenzeichen- und Markenschutz-Gesetzgebung als frei zu betrachten wären und daher von jedermann benutzt werden dürften.

Gedruckt auf säurefreiem und chlorfrei gebleichtem Papier

Springer VS ist eine Marke von Springer DE. Springer DE ist Teil der Fachverlagsgruppe Springer Science+Business Media.
www.springer-vs.de

Vorwort

Das vorliegende Buch, das in die Methode der *Ressourcenorientierten Netzwerkmoderation* einführt, gibt nicht nur einen fundierten Einblick in ein Verfahren, sondern verbindet drei Themenkomplexe miteinander, die in mehrfacher Hinsicht eine hohe Aktualität für die Soziale Arbeit und Beratung haben. Zum einen ist ein ressourcenorientiertes Planen und Handeln inzwischen zu einer konzeptionellen Selbstverständlichkeit in vielen Einrichtungen Sozialer Arbeit wie auch in Beratungsstellen geworden und wird gerade von der Berufseinsteiger-Generation der Pädagog/innen, Psycholog/innen und Sozialpädagog/innen als professionelle Grundhaltung überzeugend vertreten und in die Praxis getragen. Fragt man jedoch nach, so besteht bei vielen Praktiker/innen – wie auch Leitungskräften – weiterhin Unsicherheit darüber, wie Ressourcenorientierung, über eine veränderte Sicht auf das Gegenüber hinaus, für alle Beteiligten klar im Alltag erkennbar und einsetzbar ist. Hier setzt das Buch mit seinen Strukturierungshilfen, Handlungsanleitungen und Arbeitsblättern an und ermöglicht damit einen weiteren Schritt hin zu einem gelingenden Praxistransfer ressourcenorientierter Konzepte. Zum zweiten führt das Buch in ein spezifisches Verfahren der Netzwerkarbeit ein und bietet damit Handwerkszeug und Hintergrundwissen zu diesem Unterstützungsinstrument als einer der zentralen Kraftquellen eines auf Empowerment und Selbstbestimmung ausgerichteten Handels in der Sozialen Arbeit und der Beratung. In Zeiten knapper Mittel wird viel über die Potenziale der Netzwerke als immaterielle Ressource Sozialer Arbeit diskutiert, eine Anleitung für eine systematische Nutzung dieser Netzwerke und für die Zusammenführung von Menschen mit unterschiedlichsten Lebenslagen zu Unterstützungssystemen kommt jedoch häufig zu kurz, mit dem Ergebnis, dass Netzwerke eher intuitiv oder zufällig geknüpft und unsystematisch genutzt werden. Das vorliegende Buch versetzt die Leser/innen in die Lage, sich und andere intensiv auf eine Form der Netzwerkarbeit vorzubereiten und darüber hinaus den Blick allgemein auf Netzwerke, ihre Funktionen und Potenziale zu schärfen. Und drittens bietet das Buch eine praktische Unterstützung zur Einübung der Moderatorenrolle, die in der Sozialen Arbeit zunehmend an Bedeutung gewinnt. Auch hier geht es wieder darum, Konzepte mit Leben zu füllen und Fachkräfte in die Lage zu versetzen, systematisch und strukturiert Unterstützung anzubieten und damit ressourcenorientiertes Arbeiten greifbar zu machen. Das Buch stellt für alle Praktiker/innen im Feld der Sozialen Arbeit und Beratung, die sich in ihrer ressourcenorientierten Arbeit qualifizieren wollen, eine Bereicherung dar und schließt damit eine weitere Transferlücke zwischen dem ressourcenorientierten Ansatz bzw. der entsprechenden Haltung und der Praxis.

Vorwort von Prof. Dr. Thomas Möbius, Hamburg

Autor

Sibylle Friedrich

Dr. phil., Diplom-Psychologin, wissenschaftliche Mitarbeiterin am Fachbereich Psychologie der Universität Hamburg. Sie lehrt und forscht an der Schnittstelle zwischen Psychologie und Sozialer Arbeit und arbeitet als Expertin für Netzwerkarbeit und Ressourcenorientierung (.ispp-hamburg.de) mit verschiedenen sozialen Einrichtungen sowie der Behörde für Arbeit, Soziales, Familie und Integration in Hamburg zusammen. Zudem ist sie Ausbilderin und Mitbegründerin der Fortbildungsreihe RessourcenCoach des Institutes für Soziale Praxis der Ev. Hochschule für Soziale Arbeit und Diakonie Hamburg.

Inhaltsverzeichnis

1 **Einleitung** 1

2 **Konzeptioneller Ursprung, Verortung und Einsatzfelder** 5
  2.1 *Wraparound* in den USA 6
  2.2 Die *Familiengruppenkonferenz* in Deutschland 8
  2.3 *Homefinding* aus den Niederlanden 10
  2.4 *Familienaktivierende Heimerziehung* 11

3 **Ressourcenorientierung** 15
  3.1 Selbstwirksamkeit und Attribution 16
  3.2 Die Bedeutung von Ressourcen 18
  3.3 Positive Psychologie – die wissenschaftliche Grundlage der Ressourcenorientierung 21
  3.4 Ressourcenorientierung als Regenbogenqualität 22
  3.5 Ressourcenorientierung in Krisen 25

4 **Soziales Netzwerk und soziale Unterstützung** 29
  4.1 Soziales Netzwerk 29
  4.2 Soziale Unterstützung 30
  4.3 Reziprozität 35

5 **Die Arbeit an Zielen** 37
  5.1 Zielbindung 37
  5.2 Zieloperationalisierung 40
  5.3 Zielpriorisierung 40
  5.4 Zielüberprüfung 41

6 **Moderation** 43
  6.1 Die Grundhaltung – Allparteilichkeit 43
  6.2 Der Grundgedanke – Prozessverantwortung 46

	6.3 Die *Themenzentrierte Interaktion* (TZI) als Garant für Allparteilichkeit und Prozessverantwortung	50
	6.4 Das Handwerkszeug – die Moderationsmethoden	53
7	**Was im Vorfeld passiert**	67
	7.1 Netzwerkkarte	67
	7.2 Unterstützungskarte	70
	7.3 Ressourcenkarte	73
	7.4 Netzwerkaktivierung mithilfe der *Ressourcenorientierten Beratung*	75
	7.5 Festlegung und Konkretisierung des zu bearbeitenden Zieles	77
	7.6 Auswahl und Einladung der Netzwerkmitglieder	78
8	**Das abgestufte Verfahren zum Umgang mit Konflikten**............	81
	8.1 Die Phasen der Konfliktklärung	83
	8.2 Konflikte während der Moderation	85
	8.3 Das Stufenverfahren zum Umgang mit Konflikten	87
9	**Wer macht was? – Zur Rollenaufteilung während eines ressourcenorientierten Prozesses**	89
10	**Die fünf Phasen der Ressourcenorientierten Netzwerkmoderation** .	93
	10.1 Phase I: Einführung – Wer ist hier?	93
	10.2 Phase II: Ressourcensammlung – Was bringen wir mit?.........	95
	10.3 Phase III: Handlungsplan – Worauf einigen wir uns?	99
	10.4 Phase IV: Risikocheck – Was kann schiefgehen und was tun wir dann?...	101
	10.5 Phase V: Abschluss – Wie geht es weiter?	104
11	**Was nach der Moderation zu tun bleibt**	107
	11.1 Nachbesprechung und Dokumentation......................	107
	11.2 Umsetzung in den Alltag überprüfen und gegebenenfalls weitere Treffen planen..	108
	11.3 Ressourcen- und Netzwerkarbeit fortführen...................	108
12	**Evaluation eines Pilotprojektes**	109
13	**Schlusswort**...	119
14	**Anhang**	121
	14.1 Katjas Fall	121
	14.2 Mein soziales Netzwerk	123
	14.3 Unterstützungskarte	124
	14.4 Meine Ressourcen: Was gibt mir Kraft?	125

14.5	Ressourcenorientierte Erhebung der Familienkultur	126
14.6	Elternressourcen	128
14.7	Ressourcenorientierte Beratung	129
14.8	Dokumentationsblatt	130
14.9	Die fünf Phasen der Ressourcenorientierten Netzwerkmoderation	134

Literatur 137

Einleitung 1

Die *Ressourcenorientierte Netzwerkmoderation* versteht sich als fortgeschrittene Methode der informellen Netzwerkarbeit in der Sozialen Arbeit. Sie stellt ein starkes Empowerment-Werkzeug für sozial benachteiligte und mehrfach belastete Familien dar. Der Kerngedanke ist das Zusammenrufen eines zentralen Teils des sozialen Netzwerkes, also relevanter Bezugspersonen eines/r Klienten/in bzw. einer Klientenfamilie. Damit die Zusammenkunft erfolgreich im Sinne einer wirklichen und nachhaltigen Unterstützung des/r Betroffenen verläuft, müssen eine ganze Reihe von Dingen bedacht werden – und das sowohl im Vorfeld als auch während des Treffens und danach. Die Zusammenkünfte des Netzwerkes werden daher professionell moderiert. Die *Ressourcenorientierte Netzwerkmoderation* grenzt sich damit von in Teilen unmoderierten Verfahren wie beispielsweise den *Familiengruppenkonferenzen* (Kap. 2.2) ab. Anders als diese misst sie der Moderation des gesamten Prozesses eine hohe Relevanz für den Erfolg des Verfahrens bei. Eine solche Moderation garantiert Strukturgebung und ressourcenorientierte Grundhaltung im Lösungsprozess – zwei Säulen, die als unabdingbar für die Erarbeitung tragfähiger Lösungen angesehen werden.

Die *Ressourcenorientierte Netzwerkmoderation* ist in Deutschland ein recht neuer Ansatz. Bei der Entwicklung des Verfahrens wurde daher auch über den Tellerrand des eigenen Landes geschaut und insbesondere Anleihen an dem seit über 30 Jahren erfolgreich eingesetzten US-amerikanischen *Wraparound*-Konzept genommen (Kap. 2.1). Daneben gibt es aber auch Vorläufer und parallele Entwicklungen im eigenen Land, die im Folgenden kurz beschrieben werden sollen. Zu ihnen zählen beispielsweise die bereits erwähnten *Familiengruppenkonferenzen* und das *Homefinding-Konzept* im Pflegekinderbereich.

Die *Ressourcenorientierte Netzwerkmoderation* ist also, zumindest bisher, kein Standardwerkzeug der Sozialen Arbeit. Das möchte dieses Buch ändern. Es möchte Praktiker(innen) der ambulanten und stationären Kinder- und Jugendhilfe und angrenzender Gebiete Sozialer Arbeit ermutigen, sich die notwendige

Moderationskompetenz anzueignen und eine Chance für den günstigen Verlauf von Hilfeprozessen in der Übernahme der – vielleicht zunächst ungewohnten – Moderationsrolle zu sehen. Dabei helfen Vorkenntnisse in dem gezielten Einsatz ressourcenorientierter Methoden, insbesondere Methoden der Netzwerkanalyse und -aktivierung. Das Buch „*Ressourcenorientiert Arbeiten*" (Möbius und Friedrich 2010) stellt daher eine gute Grundlage für die Lektüre des vorliegenden Werkes dar. Alle im Rahmen der *Ressourcenorientierten Netzwerkmoderation* eingesetzten Methoden werden aber auch noch einmal detailliert vorgestellt (Kap. 7).

Zuvor jedoch soll die der *Ressourcenorientierten Netzwerkmoderation* zugrundeliegende Haltung gegenüber den Klient(inn)en beleuchtet werden. Es wird diskutiert, was eine ressourcenorientierte Grundhaltung ausmacht, auf welcher wissenschaftlichen Grundlage sie basiert und wie es Fachkräften in der Sozialen Arbeit gelingen kann, sie auch in Krisenzeiten aufrecht zu erhalten (Kap. 3.5). Darauf folgt eine Einführung in die zentralen Konzepte, die bei der Anwendung der *Ressourcenorientierten Netzwerkmoderation* eine Rolle spielen: soziales Netzwerk und soziale Unterstützung, Passung und Reziprozität (Kap. 4). Anschließend werden wesentliche Begriffe für die im Rahmen der Netzwerkmoderation so wichtige Arbeit an Zielen vorgestellt: Zielbindung, Zieloperationalisierung, Zielpriorisierung und Zielüberprüfung (Kap. 5). Es folgt eine grundlegende Einführung in die Grundhaltung, den Grundgedanken und das Handwerkszeug von Moderation im Allgemeinen (Kap. 6). In Kap. 7 werden dann die Vorbereitungen beschrieben, die innerhalb und außerhalb der Familie getroffen werden müssen, bevor eine Netzwerkmoderation stattfinden kann. Kapitel 8 beschäftigt sich mit einem konstruktiven Umgang mit Konflikten zwischen einzelnen Netzwerkmitgliedern, die vor oder während einer Netzwerkmoderation auftauchen können, Kap. 9 mit der Rollenaufteilung zwischen den beteiligten Fachkräften. Kapitel 10 widmet sich dann der ausführlichen Beschreibung der fünf Phasen der *Ressourcenorientierten Netzwerkmoderation*, Kap. 11 beschreibt, was nach der Moderation eines Treffens zu tun bleibt. Im Anschluss daran werden die Evaluationsergebnisse eines Pilotprojektes zur Implementierung des Verfahrens kurz zusammengefasst (Kap. 12). Alle zur Vorbereitung oder Durchführung der *Ressourcenorientierten Netzwerkmoderation* erforderlichen Materialien finden sich als Kopiervorlage im Anhang.

Was sind nun die wesentlichen Eigenschaften und Kompetenzen, die ein(e) Netzwerkmoderator(in) mitbringen sollte, um das Empowerment-Werkzeug *Ressourcenorientierte Netzwerkmoderation* mit Spaß und Erfolg zu nutzen? Zuerst einmal ist eine ressourcenorientierte Grundhaltung unabdingbar. Netzwerkmoderation setzt das Vertrauen in die Bereitschaft und die Fähigkeit von Familien und ihrem Netzwerk voraus, ihre Probleme gemeinsam zu lösen bzw. zumindest der Zielerreichung einen großen Schritt näher zu kommen, wenn sie dabei moderativ unterstützt werden. Der ressourcenorientierten Grundhaltung widmet sich Kap. 3, inwieweit sie jedoch tatsächlich angenommen wurde, kann letztendlich jede(r) nur für sich selber beantworten. Als zweites braucht es ein gewisses moderatives Geschick, also das Wissen um Gruppenprozesse und ihre Steuerung sowie praktische Erfahrung. Das notwendige Wissen wird in Kap. 6 vermittelt, erste Moderationserfahrungen können angehende Netzwerkmoderator(inn)en beispielsweise durch die Leitung von Teamsitzungen erwerben. Und nicht zuletzt sollten Netzwerkmoderator(inn)en Freude an der Arbeit mit belasteten Familien mitbringen. Denn auch wenn sich Grundsätzliches wie die Haltung der Allparteilichkeit und die Strukturierungsmethoden übertragen lassen, ist Netzwerkmoderation doch etwas anderes als die Moderation von Arbeitsgruppen. Da sich dieses Buch jedoch vorrangig an erfahrene Sozialpädagog(inn)en wendet, wird die Expertise um die Besonderheiten des Settings und der Klientel in den Hilfen zur Erziehung vorausgesetzt.

Konzeptioneller Ursprung, Verortung und Einsatzfelder 2

Die zentrale Idee der *Ressourcenorientierten Netzwerkmoderation*, die Ressourcen des informellen Netzwerkes einer Familie zur Stärkung einer Klientenfamilie, zur Förderung ihrer Entwicklung und zur Erreichung von Hilfezielen zu nutzen, findet sich auch in anderen Empowerment-Ansätzen der ambulanten und stationären Kinder- und Jugendhilfe. Parallele Entwicklungen betreffen beispielsweise das holländische *Homefinding*-Konzept, das inzwischen auch bei uns zum Einsatz kommt, oder die *Familiengruppenkonferenzen*. Beide Konzepte wurden allerdings für einen anderen Zeitpunkt im Hilfeprozess entwickelt als die *Ressourcenorientierte Netzwerkmoderation*. Die *Familiengruppenkonferenzen* verstehen sich als Instrument der Hilfeplanung, sie stehen am Beginn einer Hilfe. *Homefinding* versucht, Pflegefamilien im sozialen Nahraum zu finden, steht also am Ende eines ambulanten Unterstützungsprozesses für leibliche Eltern. Was bisher fehlt, ist ein Instrument für laufende Hilfen, das flexibel in Hilfeprozessen eingesetzt werden kann, um das informelle Netzwerk belasteter Familien zu aktivieren und ihnen zu ermöglichen, es als Unterstützungsquelle zu nutzen. Ein Blick über den Tellerrand führte mich 2006 für drei Monate nach Florida, wo ich ein ganz besonderes Konzept innovativer Sozialarbeit vor Ort und in der Praxis kennenlernen durfte, das mich stark beeindruckt und beeinflusst hat: das *Wraparound*-Konzept. Die *Ressourcenorientierte Netzwerkmoderation* hat also Anleihen genommen bei *Wraparound*, versteht sich aber als eigenständiges Konzept, insbesondere da auch *Wraparound* nicht als flexibles Instrument für laufende Hilfen sondern für einen bestimmten Zeitpunkt im Hilfeprozess konzipiert wurde.

2.1 *Wraparound* in den USA[1]

In den letzten 35 Jahren wurde in den USA ein ressourcen- und netzwerkorientiertes Konzept für die ambulante Kinder- und Jugendhilfe entwickelt und in bisher weit über 200.000 Fällen durchgeführt, das die konzeptionelle Wurzel der *Ressourcenorientierten Netzwerkmoderation* bildet. Der Name *Wraparound* (VanDenBerg und Grealish 1998) bedeutet soviel wie „Einwickeln" und steht für die Idee einer ambulanten Betreuung des auffällig gewordenen bzw. bedrohten Kindes durch den Stadtteil, in dem es lebt, insbesondere aber durch sein unmittelbares soziales Umfeld. *Wraparound* kommt zum Einsatz, wenn bereits mehrere soziale Dienste weitgehend erfolglos versucht haben, die Familie dahingehend zu unterstützen, dass das Kind oder der Jugendliche in der Familie bleiben kann, und nun Kindesherausnahme droht. Als letzte ambulante Maßnahme wird versucht, alle familiären und Umfeld-Ressourcen zu bündeln und somit Kräfte freizusetzen. Das schließt die koordinierte Kooperation verschiedener Hilfeeinrichtungen im Stadtteil ein, die bisher unabhängig voneinander in dem Fall gearbeitet haben. Die Familie wird an jedem Schritt des *Wraparound*-Prozesses beteiligt; sie hat Wahlmöglichkeiten und ist verantwortlich für die Aufstellung eines Hilfeplanes. Es wird davon ausgegangen, dass hochbelastete Familien über eine Reihe von persönlichen und sozialen Ressourcen verfügen müssen, die es ihnen ermöglicht haben, mit bisherigen Krisen bzw. schwierigen Lebensumständen irgendwie umzugehen. Diese Ressourcen zu erkennen, zu würdigen und für die kommende Arbeit sinnvoll zu nutzen, charakterisiert den *Wraparound*-Prozess. Eine große Bedeutung kommt den sozialen Ressourcen zu: Es wird viel Energie darauf verwendet, das soziale Netzwerk der betroffenen Familien zu (re)aktivieren, um Unterstützungsleistungen in dieses zurückzuverlagern und die Familie langfristig von professioneller Hilfe unabhängig zu machen.

Die Arbeit des *Wraparound*-Prozesses findet auf zwei Ebenen statt: auf der Ebene des Stadtteils und der Familie. Das Stadtteilteam setzt sich aus Vertreter(inne)n der Hilfsorganisationen (Gesundheitswesen, Kinderhilfe etc.) und verantwortlichen Institutionen (Schulen, Gerichte etc.) sowie privaten Interessensvertretern (u. a. angesehene Geschäftsleute der Region mit Zugang zu informellen Ressourcen) zusammen. Hier werden Stadtteilprioritäten festgelegt und darauf aufbauend Unterstützungssysteme entwickelt, die die Besonderheiten der Region berücksichtigen. Vor allem soll durch die Bildung eines solchen Teams die Zusammenarbeit zwischen den einzelnen Trägern gefördert werden. Dazu gehört auch, Entscheidungsträger auf allen Ebenen rechtzeitig zu informieren, um sich ihre Unterstützung

---

[1] Teile dieses Textabschnittes wurden Friedrich (2008b) entnommen.

zu sichern. Politik und Gesetzgebung müssen in die Planungen mit einbezogen werden.

Auf der Familienebene wird parallel dazu ebenfalls ein Team gebildet, das aber nicht ausschließlich aus Familienmitgliedern und anderen informellen Bezugspersonen bestehen muss. Oft finden sich auch Lehrer(innen) des betroffenen Kindes im Team. Der Anteil professioneller Helfer(innen) sollte dabei nicht mehr als 50 % ausmachen. Das Familienteam entwickelt nicht nur einen Hilfe-, sondern auch einen Krisenplan, der dann in Kraft tritt, wenn die betroffene(n) Person(en) in problematisches Verhalten zurückgefallen ist/sind, der Hilfeplan also nicht greift. Ebenso hat es die Aufgabe, Unterstützung für die Familie zu gewährleisten – und insofern auch bereits zu planen – für die Zeit, wenn sich die formalen Hilfsorganisationen zurückgezogen haben und der offizielle Teil des *Wraparound*-Prozesses abgeschlossen ist. Das Familienteam wird begleitet von einem/r Ressourcenkoordinator(in), der/die vorher für seine/ihre Aufgabe ausgebildet wurde. Der/Die Ressourcenkoordinator(in) identifiziert zusammen mit dem betroffenen Kind und seiner Familie die Stärken, Werte, Vorlieben, Normen und kulturelle Identität. Anschließend werden die vier bis zehn Personen bestimmt, die das Familienteam bilden. Dieses trifft sich am Anfang wöchentlich, reduziert aber schon bald schrittweise die Anzahl der Treffen. Der Hilfeplan, der auf den erarbeiteten Ressourcen der Familie basiert, wird vom Stadtteilteam gegengelesen, um ständig die Hilfsangebote im Stadtteil den Bedürfnissen der betroffenen Familien weiter anzupassen.

Der zweite Anlass für die Initiierung eines *Wraparound*-Prozesses ist die geplante Rückführung eines fremduntergebrachten Kindes oder Jugendlichen in seine Familie. Auch hier geht es um die „Einwicklung" des Betroffenen und seiner Familie in ein stabilisierendes Netzwerk, das informelle und formelle Kontakte umfasst. Die Wirksamkeit des Ansatzes wurde in verschiedenen Studien nachgewiesen. Ein Überblick findet sich in Friedrich (2008b).

Auch wenn sich zentrale Merkmale des *Wrapaound*-Konzeptes in der *Ressourcenorientierten Netzwerkmoderation* wiederfinden, gibt es doch auch bedeutsame Unterschiede. Der wichtigste Unterschied betrifft die Intention: So ist die *Ressourcenorientierte Netzwerkmoderation* im Gegensatz zu *Wraparound* nicht in erster Linie ein Verfahren zur Verhinderung drohender Kindesherausnahme. Sie wird auch nicht von außenstehenden Moderator(inn)en sondern von trägereigenen Fachkräften durchgeführt. Ein fallübergreifendes Stadtteilteam wird nicht zwangsläufig eingerichtet, wenngleich es dieses unabhängig von dem Einsatz der *Ressourcenorientierten Netzwerkmoderation* im Rahmen eines sozialräumlichen Arbeitens inzwischen vielfältig gibt. Und das moderative Vorgehen wurde weiterentwickelt, um von den in den USA aufgetauchten Schwierigkeiten zu lernen. Das betrifft insbesondere die Gewährleistung und Aufrechterhaltung der Reziprozität (s. Kap. 4.3).

Wie bereits deutlich geworden sein sollte, ist die *Ressourcenorientierte Netzwerkmoderation* insbesondere als Instrument der Sozialpädagogischen Familienhilfe (§§ 31/27 SGB VIII) konzipiert und kommt in laufenden Hilfen immer dann zum Einsatz, wenn es sich von der Beschaffenheit des oder der vorrangigen Hilfeziele(s) her anbietet (s. Kap. 7.5). Die Übertragung auf verwandte ambulante Hilfeformen des Kinder- und Jugendhilfegesetzes, wie beispielsweise die Erziehungsbeistandschaft (§§ 30/27 SGB VIII) oder die Intensive Sozialpädagogische Einzelbetreuung von Jugendlichen im eigenen Wohnraum (§§ 35/27 SGB VIII) ist ohne größere Schwierigkeiten denkbar und möglich, solange die Art der Zielsetzungen und die Rahmenbedingungen, die geschaffen werden können, vergleichbar sind. Dasselbe gilt grundsätzlich auch für andere Hilfeformen, die ebenfalls nach dem Sozialgesetzbuch geregelt werden, wie beispielsweise die Personenbezogenen Leistungen für psychisch kranke/seelisch behinderte Menschen (PPM; § 54 SGB XII / § 55 SGB IX). In allen diesen Fällen hat die *Ressourcenorientierte Netzwerkmoderation* ungeachtet der hohen Relevanz und Dramatik, die die ungelösten Probleme und unerreichten Ziele für die Klient(inn)en und ihr Umfeld haben können, nicht in erster Linie den Charakter einer Krisenintervention. Vielmehr dient sie dem nachhaltigen Empowerment der Familie, ist damit Intervention und Prävention vor künftigen Krisen zugleich. Hier ist wie gesagt ein bedeutsamer Unterschied zu dem US-amerikanischen *Wraparound-Konzept* auszumachen. Dass aber die Krise dort als Indikator für einen moderierten, das informelle Netzwerk einbeziehenden Ressourcenprozess angesehen wird, macht einmal mehr deutlich, dass Ressourcenarbeit, Empowerment und Mitwirkung (Partizipation) nicht an ihre Grenzen kommen, wenn es „ans Eingemachte" geht, sondern vielmehr einen Schlüssel zur Krisenbewältigung darstellen.

2.2 Die *Familiengruppenkonferenz* in Deutschland[2]

Hinter den im Schnitt vierstündigen *Familiengruppenkonferenzen* (FGK), die in den letzten Jahren als Modellprojekt in die ambulante Kinder- und Jugendhilfe implementiert wurden, steckt das Konzept des neuseeländischen Familienrates (Kriener 2006). Unter Einbeziehung zumeist informeller Netzwerkmitglieder werden erweiterte Familienteams gebildet, deren Aufgabe es ist, in Anwaltschaft für die betroffene Familie Entscheidungen zu treffen, Probleme zu lösen und Ziele

---

[2] Teile dieses Textabschnittes wurden Friedrich (2008b) entnommen.

2.2 Die *Familiengruppenkonferenz* in Deutschland

zu erreichen. Anders als in der *Ressourcenorientierten Netzwerkmoderation* werden die Familiengruppen nach einer Informationsphase, in der staatliche Hilfsangebote vorgestellt werden, in der Diskussionsphase bewusst zur Entscheidungsfindung alleine gelassen („family only"), sofern sie nicht Unterstützung durch den/die Koordinator(in) anfordern. Durch das damit verbundene Zutrauen in die Kompetenz des Netzwerks ist dieser Ansatz meines Erachtens der konsequenteste im Sinne der Partizipation und des Empowerments der betroffenen Familien. Die fallzuständige Fachkraft im Jugendamt behält allerdings, wie im neuseeländischen Vorgehen auch, ein Vetorecht, um Entscheidungen zu verhindern, bei denen „ein junger Mensch einem unverantwortlichen Risiko ausgesetzt" wird (Kriener 2006, S. 227). *Familiengruppenkonferenzen* sind nicht als Alternative zu HzE-Maßnahmen gedacht. Sie stellen vielmehr eine innovative Form der Hilfeplanung (§§ 36/27 SGB VIII) dar. In der Mehrzahl der Fälle werden Hilfen zur Erziehung (HzE) folgen, im Rahmen des Modellprojektes war das in 21 von 30 Fällen der Fall (vgl. Hansbauer et al. 2009, S. 123). Anders als in den meisten anderen Netzwerkmoderationsverfahren treffen sich die Netzwerkmitglieder darum in der Regel auch nur ein einziges Mal in diesem Rahmen, abgesehen von einem Überprüfungstermin nach drei Monaten, bei dem noch einmal die getroffenen Entscheidungen, aber auch ihre Realisierung in den Blick genommen werden.

Die Ergebnisse der Modellphase sind ermutigend (Hansbauer et al. 2009) und das Verfahren ist inzwischen in Deutschland anerkannt. Insgesamt sind Daten über 30 Konferenzen in die Auswertung eingeflossen, wobei unter anderem von Interesse war, inwieweit es den Familien bzw. ihrem Netzwerk gelingt, „sich im Zusammenspiel von öffentlicher und privater Hilfe als maßgebliche Entscheidungsinstanz durchzusetzen", inwieweit „das Verfahren die Aktivierung von Ressourcen aus dem persönlichen Netzwerk der Familie" fördere und inwieweit „die in den Konferenzen geschlossenen Vereinbarungen auf angemessene und am Kindeswohl orientierte Lösungen für die Problemlagen der Familie" zielen (S. 110). Alle drei Fragen können grundsätzlich positiv beantwortet werden: „Die Kernfamilien begreifen sich als Einladende und Ausrichter des Gesprächs" (S. 189). Sie „wählen in der Konferenz *selbst* ihren Schwerpunkt und *ihre* Dynamik steht im Vordergrund" (S. 191). Es konnte festgestellt werden, dass die teilnehmenden Familien in der Regel über aktivierbare soziale Netzwerke verfügten und dass sich diese auch als Unterstützer(innen) in die Vereinbarungen einbrachten, wenn auch zu einem deutlich geringeren Anteil als die Kernfamilie selber. Die getroffenen Vereinbarungen orientierten sich in aller Regel am Kindeswohl, die Frage der Angemessenheit ist jedoch nicht so eindeutig zu beantworten, da nicht alle Vereinbarungen realisiert wurden. In der Hälfte der Fälle, in der es zu einem Überprüfungstermin nach drei Monaten kam (n = 24), war die Hauptvereinbarung bis dahin umgesetzt worden. In keiner Konferenz wurden gar keine der getroffenen Vereinbarungen in dieser Zeitspanne umgesetzt, in keiner alle.

Bandow et al. beklagen einen regelrechten

> ‚Run' auf die Ausbildung von Koordinatoren und Koordinatorinnen für Familienräte [....] Das führt unseres Erachtens den ursprünglich favorisierten niedrigschwelligen Zugang zu Familien ad absurdum. Wir brauchen keine weitere Berufsgruppe und keine hochprofessionellen Helfer/innen, sondern empathische Sympathieträger/innen, denen es leicht fällt, Zugang zu schwierigen Familiensystemen zu bekommen. (2011, S. 1)

Sie warnen vor den negativen Auswirkungen einer zu starken Professionalisierung und sprechen sich für den Einsatz von Bürgerkoordinator(inn)en aus. „Als Praktikerinnen, die täglich mit Familien arbeiten, haben wir große Sorge, dass Familienräte in Kürze in der Angebotspalette der Jugendhilfe verschwinden und keine Abgrenzung mehr zu klassischen Angeboten der Jugendhilfe wie z. B. einer Familienhilfe erkennbar ist" (S. 2). Der ressourcenorientierte Charakter und die damit verbundene Einzigartigkeit des Verfahrens gingen damit verloren, denn „es scheint für viele Profis unvorstellbar, dass ihre Klientinnen und Klienten eigene Lösungen entwickeln und umsetzen" (S. 2).

2.3 *Homefinding* aus den Niederlanden

Reichen die ambulanten Hilfsangebote nicht aus, bleibt im ungünstigsten Fall nur die Fremdunterbringung eines oder mehrerer Kinder aus einer Familie. Und auch hier kommt mit dem in den Niederlanden entwickelten *Homefinding*-Ansatz (Bormann 2008) inzwischen auch schon vereinzelt in Deutschland ein Verfahren zum Einsatz, das die ressourcenorientierte Grundhaltung und einen Teil der Methoden teilt. *Homefinding* bemüht sich im Falle einer Kindesherausnahme um die Unterbringung des/r Kindes/r im sozialen Nahraum. Nicht professionelle Pflegefamilien sind hier gefragt, sondern bereits vorhandene Bezugspersonen. Eine Studie zur Bereitschaft, ein Pflegekind aufzunehmen, ergab 2006 in den Niederlanden, dass 60 % derjenigen, die es ablehnten, ein fremdes Kind aufzunehmen, sehr wohl bereit wären, eines aus der eigenen Familie oder dem eigenen Netzwerk aufzunehmen, wenn es Hilfe bräuchte (Portengen 2009). Somit besteht für Kinder und Jugendliche, die aufgrund ihres Alters oder anderen Faktoren kaum eine Chance auf eine reguläre Pflegefamilie hätten, eine große Chance, über persönliche Bindungen eine Heimunterbringung zu vermeiden. Dazu kommen pädagogische Überlegungen: „You can take out the child of a family, but you can't take the family out of a child!", formuliert Riet Portengen treffend und rät professionellen Helfer(inne)n: „Just add something only when the family or the social network don't know it or can't do it by their own! " Der konsequent ressourcenorientierte Blick auf die Stärken der Familien und auf ihre Verantwortung wird in diesen Aussagen deutlich.

Die Methoden, die beim *Homefinding* zum Einsatz kommen, sind neben den Analyseinstrumenten *Netzwerkkarte*, *Genogramm* und *Familienbrett* auch moderierte Treffen zwischen leiblichen Eltern, Kindern und potenziellen Pflegeeltern. Riet Portengen spricht von „Family Network Conferences", die den Familienteam-Treffen im Wraparound-Prozess sehr ähneln: „Parents and children have a meeting with all important members of the family and the social network to make a plan for the future of the children. The professionals accept the plan unconditionally, except when the safety, development and continuity of the child are not guaranteed in the plan. A professional coordinate and organize the Family Network Meeting together with the parent and the children and eventually another family member. " Mit der Suche nach zukünftigen Pflegeeltern geht *Homefinding* aber über das Ansinnen von *Wraparound* hinaus.

2.4 Familienaktivierende Heimerziehung

Der Begriff der Familienaktivierung steht „in der Tradition der Lebenswelt- und Ressourcenorientierung sowie des Empowerment" (Moos und Schmutz 2006, S. 49). *Familienaktivierende Heimerziehung* bedeutet, bereits bei Aufnahme des Kindes in einer Einrichtung an die Möglichkeit seiner Rückführung in die Familie zu denken. Wer diese Option ernst meint, kommt nicht umhin, die Eltern bzw. bisherigen und wohl auch zukünftigen Sorgeberechtigten des Kindes konsequent während der gesamten Aufenthaltsdauer des Kindes mit in den Blick zu nehmen.

Es gilt, systematisch die familiären und elterlichen Stärken und Entwicklungspotenziale herauszuarbeiten und zu fördern, damit die stationäre Unterbringung nicht nur der Entwicklung des Kindes dient, sondern gleichermaßen auch der seiner Eltern. Es ist wichtig, dass auch sie im Unterbringungszeitraum einen Entwicklungsfortschritt erzielen, der es ihnen erlaubt, das Kind oder den Jugendlichen später wieder bei sich aufzunehmen. Konzepte der *familienaktivierenden Heimerziehung* berücksichtigen diesen Umstand. Sie setzen gezielt ressourcen- und netzwerkorientierte Methoden zur Analyse und Aktivierung der personalen und sozialen Ressourcen der Eltern und des erweiterten Umfeldes ein.

> Dabei gilt es kontinuierlich unter Beteiligung der Eltern und jungen Menschen gemeinsam einzuschätzen, über welche Ressourcen und Kompetenzen die Familie aktuell verfügt, in welche Richtung Selbsthilfepotenziale aktiviert werden können

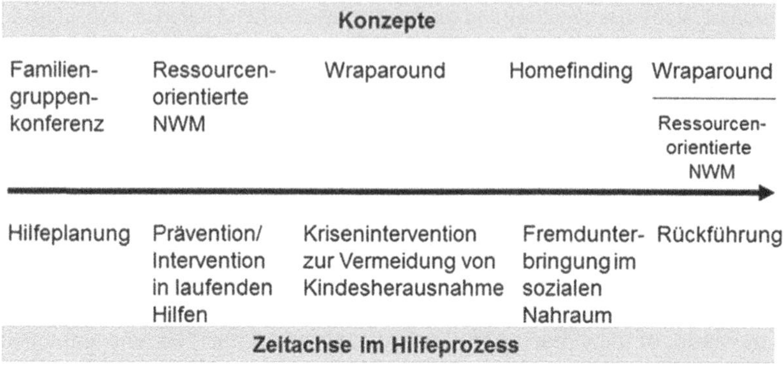

Konzepte				
Familien-gruppen-konferenz	Ressourcen-orientierte NWM	Wraparound	Homefinding	Wraparound
				Ressourcen-orientierte NWM
Hilfeplanung	Prävention/ Intervention in laufenden Hilfen	Krisenintervention zur Vermeidung von Kindesherausnahme	Fremdunter-bringung im sozialen Nahraum	Rückführung

Zeitachse im Hilfeprozess

Abb. 2.1 Verortung *Ressourcenorientierte Netzwerkmoderation*

(und sollen), welche Befähigung es dazu für wen braucht und wo außerhalb der Familie Ressourcen zur Entlastung und Unterstützung der Familie zu erschließen sind. (Moos und Schmutz 2006, S. 49)

Nicht mehr der junge Mensch alleine steht im Mittelpunkt der Arbeit im stationären Kontext, sondern das gesamte Familiensystem. Neben den Eltern, werden somit auch andere wichtige Bezugspersonen in das Hilfesetting eingebunden, wie etwa zu Hause lebende Geschwister, Großeltern oder evtl. neue Partner einzelner Elternteile […] Die jeweils für das spezifische Familiensystem bedeutsamen Akteure werden im Rahmen der Hilfe eingebunden, um so Familienstrukturen, Rollenverteilungen, Ressourcen und Probleme erkennbar und nutzbar zu machen bzw. zu verändern. (Moos und Schmutz 2006, S. 48)

In das Konzept der *familienaktivierenden Heimerziehung* ließe sich aus meiner Sicht das Verfahren der *Ressourcenorientierten Netzwerkmoderation* gut eingliedern. Vor Rückführung des Kindes in die Familie bietet sich ihre Durchführung an, um die Rückführung gemeinsam verantwortlich zu planen und den Eltern das Gefühl zu geben, nicht allein mit dieser Herausforderung zu sein. Teile des Netzwerkes könnten wichtige Aufgaben und Verantwortlichkeiten übernehmen, wie beispielsweise den Kontakt zur Schule zu halten oder sich als „Gesundheitspate" um die notwendigen ärztlichen Vorsorgeuntersuchungen zu kümmern. Hier passt das Bild des sozialen Netzwerkes als zweites Sicherungsseil (s. Kap. 4.2) besonders gut.

Dass diese Idee trägt, lässt sich aus den US-amerikanischen Erfahrungen lernen: Der *Wraparound*-Prozess wird nicht nur bei drohender Kindesherausnahme, sondern insbesondere auch zur Rückführung von Kindern in ihre Familien erfolgreich eingesetzt.

2.4 Familienaktivierende Heimerziehung

Dabei muss jedoch beachtet werden, dass ein familienaktivierendes Vorgehen dort an seine Grenzen stößt, wo es um Kinder geht, die aufgrund von komplexer Traumatisierung (Misshandlung, Missbrauch) aus der Familie genommen wurden. Diese Kinder brauchen in erster Linie und vor allem Schutz, um eine Chance auf Stabilisierung und Heilung zu haben. Es kann nicht Ziel sein, sie in die traumatisierende Umgebung zurück zu geben, insbesondere dann nicht, wenn ein Täterkontakt nicht völlig ausgeschlossen werden kann. Dieser Umstand darf bei aller Begeisterung für ein familien- und netzwerkaktivierendes Vorgehen nicht aus den Augen verloren werden und gilt selbstverständlich genauso für *Homefinding*.

Die folgende Abbildung verdeutlicht, wie sich die *Ressourcenorientierte Netzwerkmoderation* im Hilfeverlauf und zwischen thematisch ähnlichen Konzepten verorten lässt. Auf eine Linie gebracht, die den zeitlichen Verlauf von Hilfeprozessen symbolisiert, steht sie – abgesehen von ihrer Rolle im Rückführungsprozess – zwischen dem Hilfeplanungsverfahren der *Familiengruppenkonferenzen* und der Krisenintervention *Wraparound* (Abb. 2.1).

Ressourcenorientierung 3

Ressourcenorientierung meint die systematische Analyse und Aktivierung der klienteneigenen Fähigkeiten, Potenziale und Kraftquellen. Sie hat eine gesundheits- und entwicklungsfördernde Stärkung der Selbstwirksamkeit (Bandura 1977), der Selbstverantwortung und des Selbstwertes zum Ziel, alles drei bedeutsame Komponenten für die eigene Lebenszufriedenheit und das psychische Wohlbefinden. Menschen streben danach, sich als selbstwirksam zu erleben; sie wollen das Gefühl haben, mit ihren Entscheidungen und Handlungen Einfluss auf die Gestaltung ihrer Umwelt und damit auf den Verlauf des eigenen Lebens nehmen zu können. Die Selbstwirksamkeitserwartung

> bezieht sich auf die individuelle Einschätzung, mit den alltäglichen Schwierigkeiten und Barrieren zu Recht zu kommen [sic!] und ‚kritische Anforderungen aus eigener Kraft erfolgreich bewältigen zu können' (Hinz et al. 2006, S. 26). [...] Studien konnten deutliche Zusammenhänge hinsichtlich einer besseren Gesundheit, höheren Zielerreichung und sozialen Integration aufzeigen. (Höck 2011, S. 63)

Die Selbstwirksamkeitserwartung eines/r Klienten/in kann mit der von Schwarzer und Jerusalem (1999) entwickelten Skala gemessen werden.

Durch die Übernahme von Verantwortung für das eigene Leben und der Erfahrung von Kontrolle und Erfolg steigt auch das Selbstwertgefühl. Das scheinbar gut gemeinte (und oft auch bequeme) Abnehmen von Schwierigkeiten (z. B. Ämterbesuch, Referat in der Schule) ist darum so fatal, weil es zum Preis von Abhängigkeit und Selbstwertschwächung erkauft wird. Das heißt natürlich nicht, dass professionelle Helfer(innen) ihre Klient(inn)en nicht tatkräftig bei der Alltagsbewältigung und der Zielerreichung unterstützen sollen, auch um Überforderung und damit einhergehender Resignation bis hin zu erlernter Hilflosigkeit zu vermeiden, – aber eben eher im Sinne eines ermutigenden schrittweisen Aufbaus von Fähigkeiten denn als Abnahme von Verantwortung.

Tab. 3.1 Schema der Ursachen für die Zuschreibung eines Leistungsergebnisses (in Anlehnung an Weiner 1975, in Weidemann et al. 1993, S. 245)

	Intern	Extern
Stabil	Begabung	überdauernde Umweltbedingungen
Variabel	Anstrengung	Zufall (Glück/Pech)

3.1 Selbstwirksamkeit und Attribution

Eng verknüpft mit dem Begriff der Selbstwirksamkeit ist das Konzept der Attribution, d. h. die Zuschreibung von Erfolgen und Misserfolgen auf interne oder externe Faktoren, die dabei entweder als überdauernd oder als veränderbar erlebt werden. Die folgende Abbildung verdeutlicht diesen Zusammenhang (Tab. 3.1).

Welche Attributionsmuster Menschen bevorzugen, hängt mit ihrem Selbstkonzept zusammen – was sich wiederum auf ihre biografischen Erfahrungen gründet – und wird Auswirkungen auf ihr Selbstwirksamkeitserleben, ihren Selbstwert, ihre Bereitschaft zur Verantwortungsübernahme und auf ihre Veränderungsmotivation haben. Interessanterweise hat sich gezeigt, dass beim Attribuieren ein eigentlich irrationaler Optimismus psychisch gesund ist: „Als motivierend wird ein Attributionsmuster angesehen, das bei Erfolg interne, stabile Ursachen heranzieht, bei Misserfolg externe und intern variable Faktoren" (Meyer 1973, in Weidemann et al. 1993, S. 245).

> Erfolge sollten demnach auf die eigene Begabung, also intern stabil, attribuiert werden, Misserfolge hingegen entweder auf äußere Umstände oder aber auf veränderbare interne Faktoren geschoben werden, wie die eigene Anstrengungsbereitschaft. Was auf den ersten Blick nicht logisch erscheint, ist psychologisch höchst sinnvoll und beschreibt gut, was Selbstwirksamkeitserleben ausmacht: das Vertrauen zu haben, auf die Umwelt gestaltend Einfluss nehmen zu können, also persönliche Ziele aufgrund eigener Ressourcen zu erreichen, und andererseits bei Misserfolg nicht gleich die eigene Unfähigkeit zu vermuten, sondern zuversichtlich zu sein, dass Erfolg durch die Erhöhung von Anstrengung doch noch möglich ist. (Friedrich 2011b, S. 2)

Die Erkenntnisse aus der Lehr-Lern-Forschung verdeutlichen also, dass es auch eine Kehrseite der Medaille gibt. Uneingeschränkt auf die eigene Person zu attribuieren, scheint nicht in jeder Lebenssituation hilfreich zu sein. Zwar wird es als stärkend und angenehm erlebt, positive Ereignisse als persönliche Erfolge zu verbuchen, die aufgrund eigener Fähigkeiten zustande gekommen sind; negative Erfahrungen sollten jedoch nicht gleichermaßen auf die eigene Person zurückgeführt werden, zumindest nicht auf stabile, interne Faktoren, die dann ja als unveränder-

3.1 Selbstwirksamkeit und Attribution

lich erlebt werden und damit das Selbstvertrauen erschüttern. Es ist darum wichtig, die Klient(inn)en dabei zu unterstützen, auf eine psychisch gesunde Weise zu attribuieren, um Selbstwirksamkeit zu erfahren. Das ist gar nicht so leicht, da die Attributionsmuster oft schon früh gelernt wurden und aus diesem Grund äußerst hartnäckig sein können. „Sie entstehen biografisch durch Rückmeldungen in Form von Abwertung oder Bestätigung und lassen sich nicht so leicht verändern. Es zu versuchen, lohnt sich dennoch und gelingt am ehesten über die Erreichung selbstgesteckter Ziele." (Friedrich 2011b, S. 3).

Ab einem bestimmten Punkt kann es sogar psychisch gesund sein, persönliche Niederlagen als Pech zu akzeptieren, also variable externe Faktoren als Ursache zu vermuten. Das scheint dem zuvor Ausgeführten erst einmal zu widersprechen, da damit ja ein Ohnmacht- und gerade kein Selbstwirksamkeitserleben einhergehen. Solange die externen Faktoren aber nicht als überdauernd wahrgenommen und damit auch die Chancen für die Zukunft nicht als gleichbleibend gering eingestuft werden, hilft diese Art der Attribution jedoch vermutlich, Vergangenes abzuhaken und sich mit Energie auf etwas Neues zu konzentrieren, ohne zu sehr ins Grübeln zu geraten.

Das beschriebene Attributionsmuster befördert möglicherweise eine gewisse Gelassenheit, was das eigene Schicksal anbelangt, und schützt somit auch vor dem Erleben von „Selbstwirksamkeitsdruck". Wie in Friedrich et al. (2009) beschrieben, können sich

> in einer Gesellschaft, in der scheinbar alles möglich und erreichbar ist – und ein solches Bild muss sich Kindern, Jugendlichen und Erwachsenen durch die Medien vermitteln – [...] von sozialer Benachteiligung betroffene Menschen die Diskrepanz zur eigenen Lebenswelt oft nur durch persönliches Versagen erklären. [...] Denn in dem Bemühen um ein Selbstwirksamkeitserleben stoßen sozial benachteiligte Menschen schnell an Grenzen. Wenn nun auf der anderen Seite die Auseinandersetzung mit diesen Grenzen nicht erlaubt ist, droht Überforderung. [...] Dem alle Kräfte mobilisierenden Ansatz des Empowerments muss [...] ein positiver Gegenwert zur Seite gestellt werden. Es gilt, Selbstwirksamkeitserleben und Gelassenheit in eine gute Balance zu bringen, um zu verhindern, dass die Ressource, die in jedem der beiden Pole steckt, zu einem Defizit verkommt. Aus der Gelassenheit wird ohne die Erfahrung, Einfluss auf das eigene Leben nehmen zu können, ein Erleben von Kontrollverlust, dass in eine Schicksalsergebenheit mündet. Aus dem Selbstwirksamkeitserleben wird ohne die Erfahrung und die innere Erlaubnis, nicht für alles die Verantwortung übernehmen zu können und zu müssen, schnell eine Überforderung, die schwer auf den eigenen Schultern lastet. (S. 1 f.)

Hier zeigt sich auch, dass Ressourcenorientierung und Empowerment bei aller konzeptuellen Nähe nicht gleichzusetzen sind. Empowerment geht stärker als Ressourcenorientierung von benachteiligten Menschen aus, die befähigt werden müssen, um ihren Platz in der Gesellschaft erfolgreich beanspruchen zu können. Neben dem individuellen Empowerment, das viele Überschneidungen zur Ressourcenorientierung aufweist, gibt es auch einen kollektiven Anspruch, bei dem die gesellschaftliche Teilhabe im Vordergrund steht, beispielsweise über den Aufbau demokratischer Mitwirkungsverfahren auf (lokal)politischer Ebene (Herriger 2006). Ressourcenorientierung verstehe ich als noch individualisierter. Dem Menschen sollen seine eigenen Ressourcen – und diese können auch in der Gelassenheit bestehen, Dinge auszuhalten – bewusst und zugänglich werden, so dass er individuelle Entscheidungen treffen kann, auf welche Weise er sie einsetzt. Dass es mehr als einen richtigen Weg in der Ressourcenorientierung gibt, zeigen auch die Ergebnisse der Wirksamkeitsstudien zur Positiven Therapie (s. u.): „Für Menschen aus kollektivistischen Kulturen haben sich prosoziale, altruistische Übungen (z. B. die Dankbarkeitsübung) als günstiger erwiesen als individualistisch ausgerichtete Übungen (z. B. eigene Stärken leben)" (Frank 2010, S. 54). Frank empfiehlt auf Basis der Studienergebnisse daher, den kulturellen Hintergrund der Klient(inn)en mitzubedenken (vgl. S. 54).

Dennoch stimmen Empowerment und Ressourcenorientierung in ihrem grundsätzlichen Anliegen überein, das Selbstwirksamkeitserleben zu fördern. Dieses zeigt sich vor allem in der Erreichung selbstgesteckter Ziele. Zielkonkretisierung und -verfolgung machen daher einen großen Teil der ressourcenorientierten Arbeit aus. Da das Thema so relevant ist, ist ihm ein eigenes Kapitel gewidmet (Kap. 4.1). Und wenn, mit Norbert Herriger (2006) gesprochen, Empowerment „das Anstiften zur (Wieder-)Aneignung von Selbstbestimmung über die Umstände des eigenen Lebens" ist, dann wird auch klar, warum die *Ressourcenorientierte Netzwerkmoderation* ein Empowerment-Werkzeug in der Sozialen Arbeit darstellt.

3.2 Die Bedeutung von Ressourcen

Um die Bedeutung von personalen und sozialen Ressourcen im eigenen Leben zu erfassen, genügt es, sich die Frage zu stellen: „Mit Hilfe von was habe ich es geschafft, ein Ziel zu erreichen, dessen Erreichung kein Selbstgänger war?" Die Antworten darauf, so unterschiedlich sie auch je nach Person und Ziel sein mögen, haben alle etwas gemeinsam – sie stellen Ressourcen dar. Denn Ressourcen sind die Grundlage jeder positiven persönlichen Entwicklung. „Je weiter entfernt die Zielerreichung erlebt wird, desto notwendiger ist es, auf die eigenen Ressourcen zurückzugreifen. Wir mobilisieren alles, was uns zur Verfügung steht (Kontakte, materielle Ressourcen, Charakterstärke, Durchhaltevermögen), um doch noch erfolgreich zu sein." (Friedrich 2011b, S. 5). Man stelle sich nur mal vor, man wollte

3.2 Die Bedeutung von Ressourcen

ein Ziel erreichen und hätte nichts zur Verfügung außer Misserfolgserfahrungen, schlechten Charaktereigenschaften, negativem Selbstwert, sozialer Ausgrenzung, negativen Rückmeldungen von außen und ähnlichem – also ausschließlich Mangelerleben und Defizite. Schwer vorstellbar? Erstaunlicherweise ist das professionelle Handeln noch immer in weiten Teilen von genau dieser Vorstellung, es brauche lediglich die Problemfeststellung, um das Problem zu lösen, beseelt. Das ist keine böse Absicht. Vielmehr läuft die Nutzung eigener Ressourcen nicht immer sichtbar und bewusst ab, was bedeutet, dass Menschen, die durch gute frühere Erfahrungen, durch viel Lob und Ermutigung von außen, sowie durch ein generell positives Selbstwertgefühl einen guten Zugang zu ihren Ressourcen haben, diese vermutlich in den meisten Fällen ganz automatisch zur Problemlösung und zur Zielerreichung „anzapfen". Dadurch entsteht dann der subjektive Eindruck, die Problemlösung entwickle sich direkt aus der erlebten Unzufriedenheit mit dem Ist-Zustand. Von ihren Klient(inn)en, die eine ganz andere Sozialisation hinter sich haben, wo Ermutigung, Lob und Bestärkung oftmals rar waren, können Sozialpädagog(inn)en nicht im selben Maße erwarten, Zugang zu den eigenen Ressourcen zu haben. Die gelernten Attributionsmuster, das Selbstwirksamkeitserleben und die (Nicht-)Wahrnehmung der eigenen Ressourcen sind eng miteinander verwoben und die Klient(inn)en brauchen oftmals Ermutigung.

Den direkte Weg von dem festgestellten Defizit bzw. dem augenscheinlichen Problem zur Problemlösung gehen zu wollen, ist also einen Schritt zu schnell. Davor braucht es eine explizite Phase des Lösungsaufschubs, in der die klienteneigenen Ressourcen systematisch erhoben werden. Eine Bedeutung des Begriffes ‚Ressourcen' jenseits psychologisch-pädagogischer Begriffswelten ist „Bodenschätze". Das macht auch als Metapher Sinn: Bodenschätze müssen genau wie menschliche Ressourcen erst entdeckt, dann gehoben, dann nutzbar gemacht werden, bevor sie ihre Wirkung entfalten können. Wichtig wäre vielleicht noch hinzuzufügen, dass beide Ressourcenarten nicht ausgebeutet werden dürfen.

Professionelle Helfer(innen) haben im Sinne eines ressourcenorientierten Vorgehens also zuallererst die Aufgabe, ihren Klient(inn)en die Vielfalt und das Ausmaß ihrer eigenen Ressourcen bewusst zu machen. Unsere Ressourcen sind in der Tat so vielfältig, dass auch die folgende Übersicht lediglich einen Ausschnitt darstellt:

Die bekannteste Ressourcenart sind wohl die *materiellen Ressourcen*, unter diese Kategorie fallen Geld, Besitz und (Wohn)Raum, aber auch finanzielle Sicherheit, beispielsweise durch einen festen Arbeitsplatz. Vielen fallen, wenn sie an Ressourcen denken, auch die *personalen Ressourcen* ein, also die eigenen Fähigkeiten und Kompetenzen, Bewältigungsstrategien, positiven Eigenschaften und das erworbene Wissen bzw. die eigene Bildung. *Soziale Ressourcen* stellen eine weitere Kategorie dar. Sie beschreiben unsere persönlichen Bindungen, die Integration in Gruppen bzw. Netzwerke, durch die unsere soziale Identität herausgebildet wird, das Wissen um Anlaufstellen im Stadtteil und nicht zuletzt professionelle Hilfe durch Ärzte, Steuerberater oder Psychotherapeuten. Weniger bekannt sind die folgenden Ressourcenkategorien: *Ziele, Wünsche und Lebensträume* können unabhängig von ihrer Realisierung Kraftquellen darstellen, ebenso wie *Interessen*. *Umgebungsressourcen* wie eine gute Infrastruktur und Möglichkeiten der Naherholung sind ebenso Kraftspender wie *kulturelle Ressourcen*. Unter letztere fallen der Glaube, Traditionen und Rituale sowie Familienkultur. *Körperliche Ressourcen* (Gesundheit, Belastbarkeit) stellen noch einmal eine ganz eigene Ressourcenkategorie dar, ebenso wie *innere Ressourcen*. Zu ihnen zählen beispielsweise die bereits beschriebenen Attributionsmuster, Selbstwirksamkeitserleben und Selbstregulationsfähigkeit, außerdem innere Stabilität, vermittelt über die Fähigkeit zur Imagination, um einen inneren sicheren Ort auszugestalten oder auch einen inneren Tresor zur Distanzierung von belastendem Erinnerungsmaterial.

Zum „Heben der Schätze" braucht es dann konkretes Handwerkszeug. Denn auch, wenn Ressourcenorientierung zuallererst eine innere Haltung ist, wird sie doch erst über den Einsatz bestimmter Methoden und Arbeitsweisen wirklich sichtbar und kann ihr volles Potenzial entfalten. Diese Methoden sind transparent und partizipativ: „Transparenz ermöglicht den Betroffenen ein Verstehen psychischer Gesetzmäßigkeiten und eigener Besonderheiten; das wiederum ist die Grundlage für das Erreichen selbstgesteckter Ziele und einer damit einhergehenden bewussten Persönlichkeitsentwicklung." (Friedrich 2010b, S. 31). Ein zentrales Instrument der Ressourcenerhebung, das in der Vorbereitung der *Ressourcenorientierten Netzwerkmoderation* zum Einsatz kommt, ist die *Ressourcenkarte* (s. Kap. 7.3). Ein gutes Beispiel für den Charakter des „Schätze-Hebens" ist die Vorgehensweise des italienischen Psychiaters Giovanni Fava. Er machte in seiner täglichen Arbeit mit depressiven Patient(inn)en die Erfahrung, dass es nicht genügt, glücklich zu sein, man müsse sein Glück auch bemerken! Seine Patient(inn)en, die sich bereits auf dem Weg der Besserung befanden, hatten die Gewohnheit, sich ihr Glück nicht einzugestehen, was die Heilung verzögerte. Fava war überzeugt davon, dass sie oft weit weniger unglücklich waren, als sie glaubten. Er ließ sie „Tagebücher des Glücks" anlegen und damit den Scheinwerfer auf gute Momente richten. Indem sie aufgefordert wurden, jedem Glücksmoment sofort eine Punktzahl zwischen 1 und 100 für das aktuelle Wohlbefinden zu vergeben, waren sie gezwungen, diese Momente schwarz auf weiß festzuhalten, so dass die Erinnerung sie später nicht täuschen konnte. Tatsächlich waren trotz anfänglicher Besorgnis der Patient(inn)en die Seiten fast immer voll (vgl. Klein 2002, S. 427 f.).

3.3 Positive Psychologie – die wissenschaftliche Grundlage der Ressourcenorientierung

Ressourcenorientierung basiert auf den wissenschaftlichen Grundlagen der Positiven Psychologie (Klein 2002), die sich dagegen wehrt, dass es „wichtiger sei, das Schlimmste und das Schwächste von uns zu verstehen, statt das Beste und Mutigste" (Maddux et al. 2004, nach Linley und Joseph 2006, nach Reddemann 2008, S. 217). Die Positive Psychologie wurde Ende der 1990er Jahren durch den amerikanischen Psychologen Martin Seligmann begründet. Sie widmet sich dem Erforschen von subjektiv positivem Erleben sowie positiven individuellen Persönlichkeitsmerkmalen „mit dem Ziel, bessere subjektive und objektive Lebensbedingungen für Menschen zu schaffen" (Auhagen 2004, S. 13) und versteht sich damit als Gegenrichtung zur traditionell eher an der Pathologie orientierten psychologischen Forschung. Themen der Positiven Psychologie sind u. a. die Erforschung von Gelassenheit, Geborgenheit, Positivem Denken, Vertrauen, Verzeihen, Lebenssinn, Glück, mitmenschlicher Güte und Solidarität. Wir verdanken ihr beispielsweise die Erkenntnis, dass ein Millionengewinn das Wohlbefinden keinesfalls auf Dauer hebt. Ebenso wenig senkt aber eine Querschnittslähmung die Lebenszufriedenheit auf Dauer. Euphorie und Niedergeschlagenheit halten jeweils nur begrenzte Zeit. Letztendlich gilt: Wer vor dem einschneidenden Ereignis mit seinem Leben zufrieden war, ist es nachher auch. Lebensqualität ist also viel weniger stark von äußeren Setzungen abhängig als wir vielleicht befürchten – ein ermutigendes Ergebnis (vgl. Klein 2002, S. 397 ff.).

Kritiker der Positiven Psychologie bezweifeln, dass es zwischen ihr und der bisherigen Psychologie in den Methoden und Zielen einen grundsätzlichen Unterschied gibt, da beispielsweise auch die Klinische Psychologie über Ansätze verfüge, die sich vorrangig mit Lösungen und Stärken beschäftigen, wie beispielsweise die Lebensqualitätsforschung oder die Forschung zur posttraumatischen Reifung. Sie sehen in der Positiven Psychologie darum lediglich eine Fokusverschiebung, der sie allerdings durchaus bei aller Kritik – zum Beispiel an der vereinfachenden Bewertung von Emotionen als eindeutig „positiv" bzw. „negativ" – zubilligen, „wichtige Impulse in die fachliche Diskussion gebracht" zu haben (Gebler 2011, S. 598). Als hoch problematisch wird jedoch angesehen, „dass sich die PP von einer Wertneutralität abwendet und den Anspruch erhebt, Leitfunktionen übernehmen zu können, die früher von Tradition und Religion ausgeübt wurden" (Gebler 2011, S. 600).

Diese Kritik ist sicherlich nicht ganz unberechtigt. Die Nähe zur Ressourcenorientierung, die ja eine Grundhaltung bzw. ein Menschenbild darstellt, rückt die Positive Psychologie in eine philosophische Ecke, die ihre Wissenschaftlichkeit streng genommen gefährdet. Denn:

> Die Frage, was ein ‚gutes Leben' ist, kann nur philosophisch und nicht durch wissenschaftliche Forschung beantwortet werden. Empirische Wissenschaft kann keine Ethik begründen [....] Empirische Wissenschaft setzt immer schon etwas anderes voraus, nämlich Philosophie. Was ihr aber selbst vorausgeht, kann nicht Ergebnis ihrer Untersuchungen sein. (Gebler 2011, S. 601)

Für die Praxis der Ressourcenorientierung spielt diese Diskussion jedoch allenfalls eine untergeordnete Rolle. Viel wichtiger für sie ist die Funktion der Positiven Psychologie, die Relevanz ressourcenorientierten Denkens und Handelns durch wissenschaftliche Erkenntnisse zu stützen.

Die Positive Psychologie verleugnet ebenso wenig wie die Ressourcenorientierung weder die Existenz von Problemen und Belastungen, noch die Notwendigkeit von deren Bearbeitung und grenzt sich somit eindeutig von einer Betrachtungsweise durch die „rosarote Brille" ab. Die ressourcenorientierte Grundhaltung hat nicht nur in die Soziale Arbeit Eingang gefunden, sondern auch in andere Bereiche professionellen Handelns. So ist in den letzten Jahren mit dem transformationalen Führungsstil in der Wirtschaft ein explizit gesundheits- und ressourcenorientierter Ansatz der Mitarbeiterführung ins Blickfeld gerückt (Felfe 2006). Aus der Psychotherapie ist die Wirkung eines ressourcenorientierten Vorgehens ebenfalls bekannt (Grawe 1999). Frank (2010) gibt einen Überblick über die Ergebnisse bisheriger Studien zur Wirksamkeit der Positiven Therapie, einer psychotherapeutischen Richtung, die ihre Interventionen unmittelbar aus der Positiven Psychologie ableitet. Die schulenübergreifende Traumatherapie widmet der Ressourcenorientierung sogar eine ganze Therapiephase, in der es um den Aufbau innerer Ressourcen (innerer sicherer Ort, innerer Tresor, innere Helfer) zur Stabilisierung der Patient(inn)en. als Voraussetzung für die Konfrontation mit den Traumainhalten und ihrer anschließenden Integration in die eigene Biografie geht (Reddemann 2008). Die Soziale Arbeit befindet sich mit ihrer Hinwendung zur Ressourcenorientierung also in guter Gesellschaft.

3.4 Ressourcenorientierung als Regenbogenqualität

Ressourcenorientierung ist eine „Regenbogenqualität" (Schulz von Thun 2009): „So, wie die Wetterphänomene Sonnenschein und Regen gleichzeitig an einem Ort vorhanden sein müssen, um einen Regenbogen zu erzeugen, braucht es zweier aus-

3.4 Ressourcenorientierung als Regenbogenqualität

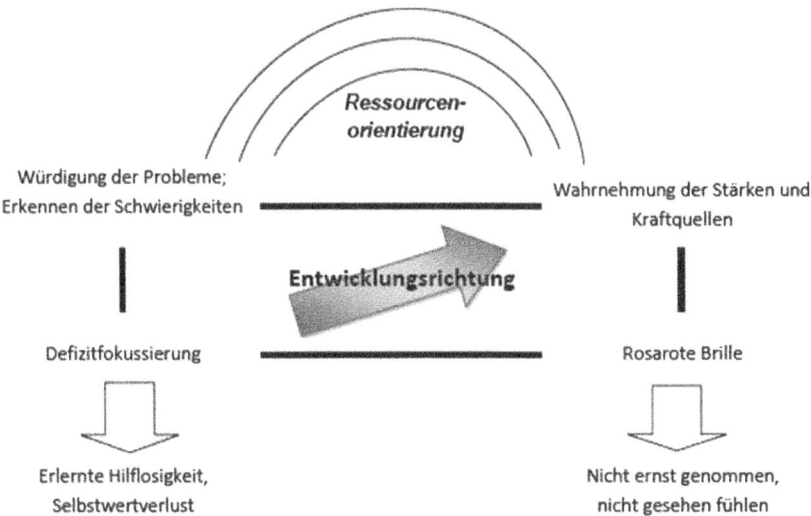

Abb. 3.1 *Werte- und Entwicklungsquadrat*: Ressourcenorientierung als Regenbogenqualität (Friedrich 2011b, S. 5f)

balancierter Qualitäten, um von Ressourcenorientierung zu sprechen" (Friedrich 2011b, S. 5 f.). Das Modell des *Werte- und Entwicklungsquadrates*[1] (vgl. Schulz von Thun 2008, S. 38 ff.), das im folgenden Abschnitt noch grundsätzlich eingeführt wird, lässt sich sinnvoll um die Metapher des Regenbogens, wie sie Friedemann Schulz von Thun in seiner Abschiedsvorlesung an der Universität Hamburg einführte, ergänzen (Abb. 3.1).

„Nur die Würdigung der Schwere der Probleme alleine führt nicht selten zu erlernter Hilflosigkeit und Selbstwertverlust, insbesondere da keine Selbstwirksamkeitserfahrungen gemacht werden können" (Friedrich 2011b, S. 6.). Die eigentliche konstruktive Problemlöseorientierung droht „in den Keller zu rutschen" (vgl. Schulz von Thun 1996, S. 53) und zu einer Defizitfokussierung zu verkommen. „Diese macht Professionelle und ihre KlientInnen blind für die vielfältigen den Betroffenen aufgrund ihrer Ressourcen innewohnenden und damit individuellen und nachhaltigen Lösungswege" (Friedrich und Redlich 2010, S. 46). Auch die professionellen Helfer(innen) fühlen sich durch die scheinbare Auswegslosigkeit der Problematik mit der Zeit immer hilfloser. Sie verfallen möglicherweise in Zynismus, um sich unbewusst zu schützen, oder sind in der Gefahr, einen Burnout

---

[1] Das *Werte- und Entwicklungsquadrat* stellt eine Weiterentwicklung des von Helwig entwickelten *Wertequadrats* dar.

zu erleiden. In dieser Verfassung können sie ihre Klient(inn)en nicht mehr wirkungsvoll bei deren persönlicher Weiterentwicklung unterstützen. „Gleichermaßen fatal kann sich jedoch die ausschließliche Orientierung an den bereits vorhandenen Stärken auswirken, wenn gänzlich vermieden wird, die noch vorhandenen Schwierigkeiten zu benennen und anzupacken. Auch hier gibt es keine persönliche Weiterentwicklung." (Friedrich 2011b, S. 6 f.). Es bestünde zudem die Gefahr, dass die Menschen sich nicht in ihrer Not gesehen und ernst genommen fühlten. Ressourcenorientierung ist also metaphorisch gleichzusetzen mit dem Regenbogen, der sich aufspannt, wenn in der Arbeit mit den Klient(inn)en Problemwürdigung und Stärkenwahrnehmung miteinander auf eine Weise verbunden werden, die das Selbstwirksamkeitserleben und die Zielerreichung befördert.

Die grundsätzliche Entwicklungsrichtung, die im *Werte- und Entwicklungsquadrat* visualisiert ist, bleibt als Anforderung an die Soziale Arbeit dennoch bestehen: „Da unserer Gesellschaft die Problemanalyse generell näherliegt als die Stärkenanalyse, bedeutet Ressourcenorientierung vor allem eine Entwicklung in Richtung Wahrnehmung vorhandener Stärken und Kraftquellen und stellt damit auch einen bewussten und gewollten Perspektivenwechsel dar" (Friedrich 2011b, S. 7).

Ein solches Vorgehen setzt eine bestimmte Haltung voraus: Professionelle Helfer(innen) müssen wirklich daran glauben – und dieses Vertrauen auch gegenüber ihren Klient(inn)en ausstrahlen –, dass jeder Mensch über Ressourcen verfügt und diese nutzbar machen kann. In ihrem Arbeitsfeld haben sie aber möglicherweise bereits häufig die gegenteilige Erfahrung gemacht. Nun ist es aber so, dass die eigenen Einstellungen sowohl auf das Gegenüber einwirken als auch die Bewertung eigener Erfahrungen steuern. Im Sinne einer „selbsterfüllenden Prophezeiung" (Watzlawik 1978) bewahrheitet sich dann nur allzu oft die eigene Sichtweise; neue Erkenntnisse haben es dagegen ungleich schwerer, sich durchzusetzen. Bei der Ressourcenorientierung wie bei allem Neuen, das gewagt werden will, hilft darum nur eines: Der Schlüssel liegt im Tun. Die hier vorgestellten Methoden und natürlich insbesondere die *Ressourcenorientierte Netzwerkmoderation* transportieren die Haltung, d. h. über ihren Einsatz werden die Fachkräfte Schritt für Schritt vertrauter damit. Es ist dennoch wichtig, sich nicht zu überfordern, sondern sich Zeit für (kritische) Reflexionsprozesse zu geben. Wer bisher wenig Kontakt zur ressourcenorientierten Denkweise hatte, nimmt sich vielleicht nicht als erstes einen ganzen Moderationsprozess vor, sondern beginnt mit dem Einsatz von *Netzwerkkarte, Ressourcenkarte* o. ä.

3.5 Ressourcenorientierung in Krisen

Eine ressourcenorientierte Haltung gegenüber den Klient(inn)en auch in Krisenzeiten beizubehalten, ist eine echte Herausforderung. Zwar gilt, dass Ressourcenarbeit auch Prävention vor der nächsten Krise und daher unabdingbar ist, doch das Wissen um diese Zusammenhänge hilft Fachkräften in der akuten Krise zugegebenermaßen wenig. Gilt es doch erst einmal, Feuerwehr zu spielen, um den größten Schaden abzuwenden.

> Hier offenbart sich ein Dilemma: Prävention soll langfristig helfen, Krisen gar nicht erst entstehen zu lassen; aber Krisen kennen kein Atemholen, sie zeichnen sich ja gerade durch ihre Dringlichkeit aus, die sofortiges Eingreifen notwendig macht. Der Teufelskreis scheint unausweichlich: Professionelle HelferInnen übernehmen Verantwortung für die Problemlösung, die Betroffenen nutzen ihre personalen und sozialen Ressourcen nicht, sondern werden abhängiger vom staatlichen Hilfesystem – die nächste Krise ist bereits vorprogrammiert und kann auch wieder nicht aus eigenen Kräften bewältigt werden. (Friedrich 2008a, S. 74)

Gerade in Krisenzeiten, wenn sich Menschen quasi im Ausnahmezustand befinden, ist es jedoch wichtig, ihre Ressourcen nicht aus den Augen zu verlieren und an sie anzuknüpfen. Dabei hilft ein grundlegendes Verständnis um psychodynamische Zusammenhänge: Was passiert eigentlich in einem Menschen, der sich in einer Krise befindet? Warum wirkt sein Verhalten extrem und – zumindest von außen betrachtet – dysfunktional? Methoden wie das *Reframing* und Modelle wie das *Innere Team* (Schulz von Thun 1998) und das *Werte- und Entwicklungsquadrat* bieten einen Erklärungsrahmen, der einen wertschätzenden und ressourcenvollen Blick auf die Klient(inn)en – auch in diesen Zeiten – ermöglicht. Sie können auch als Methoden in der direkten Arbeit mit den Klient(inn)en eingesetzt werden.

Reframing bedeutet, das Klientenverhalten in einen anderen Rahmen zu stellen, indem sich die Fachkräfte fragen: „Was ist das Gute daran?" Dabei hilft das Modell des *Werte- und Entwicklungsquadrates*, das davon ausgeht, dass jeder positive Wert – und damit auch jede positive menschliche Eigenschaft – einen ebensolchen Gegenwert braucht, um nicht in das Extrem abzugleiten und damit das Wertvolle zu verlieren. Verständlich wird diese Annahme an dem Alltagsbeispiel der Sparsamkeit. Sparsamkeit ist unbestritten eine positive Eigenschaft, doch herrscht wohl Einigkeit darüber, dass, wenn sie zum übertriebenen Geiz verkommt, sie ihren Wert verliert. Auf der anderen Seite ist übertriebene Großzügigkeit schnell in der Gefahr, zur Verschwendungssucht zu werden; es braucht also eine gesunde Balance im Leben (Abb. 3.2).

Was dieses Bild auch deutlich macht, ist, dass als verwerflich erlebte Eigenschaften wie Geiz oder Verschwendungssucht, lediglich eine Übertreibung positiver Werte darstellen. Um die Frage zu beantworten, was das Gute an dem gezeigten

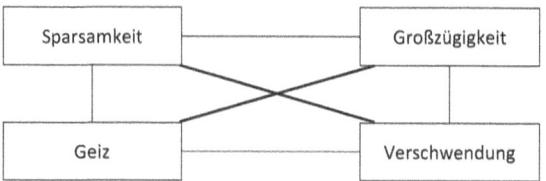

Abb. 3.2 Allgemeine Struktur eines *Wertequadrates* am Beispiel <<Sparsamkeit>> (Schulz von Thun 2008, S. 39)

Klientenverhalten ist, müssen Fachkräfte also lediglich den positiven Wert identifizieren, der dort maßlos übertrieben wird. *Reframing* funktioniert sehr gut als praktische Übung in Fallbesprechungen. Wenn das Team merkt, dass es den wertschätzenden Blick auf eine Mutter, einen zu betreuenden Jugendlichen etc. verloren hat, kann es in einem ersten Schritt alle Eigenschaften und Verhaltensweisen zusammentragen, die es an dem- oder derjenigen stört. In einem zweiten Schritt wird dann metaphorisch die rosarote Brille aufgesetzt und zu jeder festgehaltenen Eigenschaft unter Kenntnis des Modells des *Werte- und Entwicklungsquadrates* ihr positiver Kern herausgearbeitet und notiert. Ich habe bereits mehrfach die Erfahrung gemacht, wie sich der Blick auf den/die Klienten/in dadurch ändert, so dass ressourcenorientiertes Arbeiten wieder möglich wird. Ergänzend kann sowohl in Fallbesprechungen als auch mit den Klient(inn)en direkt mit dem Inneren Team gearbeitet werden.

Das Modell des Inneren Teams ist aus meiner Sicht ein zutiefst humanistisches. Es hilft Sozialpädagog(inn)en anzuerkennen, dass das von ihren Klient(inn)en in der Krise gezeigte Verhaltensmuster das ihnen aufgrund ihrer eigenen Biografie und momentanen Verfassung bestmögliche ist, auch wenn es von außen betrachtet nicht so wirkt. Ausgehend von dem Verständnis innerer Pluralität stellt das gezeigte Verhalten immer nur einen Ausschnitt dessen dar, was den betreffenden Menschen ausmacht. Das System schickt diejenigen Anteile nach vorne an die Kontaktlinie, die (scheinbar) am besten in der Lage sind, die Interessen des Gesamtsystems zu vertreten. Ist der Mensch bereits häufig bedroht und verletzt worden, geht es dabei in erster Linie darum, verletzte innere Anteile zu schützen. An der Kontaktlinie stehen dann wütende, abweisende, drohende oder verletzende Anteile, die, bildlich gesprochen, ein riesiges Stoppschild vor sich hertragen (Abb. 3.3).

Aus diesem Grund wirkt das Verhalten eines Menschen, der sich aufgrund von akutem oder chronischem Belastungs- und Bedrohungserleben in einer Krise befindet, oft extrem, störend und dysfunktional. Handlungsfreiheit und damit Selbstwirksamkeit zu ermöglichen, bedeutet, den Klient(inn)en einen würdigenden und

3.5 Ressourcenorientierung in Krisen

Abb. 3.3 Innerer Anteil mit Stoppschild an der Kontaktlinie

wertschätzenden Blick auf die große Leistung der Anteile zu ermöglichen, die diese Schutzfunktion bisher übernommen haben und sie damit als wertvolle Ressourcen zu betrachten. In einem zweiten Schritt wird der Blick dann auf die Persönlichkeitsanteile gelenkt, die bisher eher im Verborgenen waren und gemeinsam überlegt, wie sie gefördert werden können. Sie stehen für das Entwicklungspotenzial des/r Klienten/in, sich anders und damit situationsangemessener zu verhalten.

Doch nicht nur für organisationale Entwicklungen, auch für das eigene Innenleben gilt: Vor den Veränderungen muss das Bestehende gewürdigt werden: *Was ist erhaltenswert an dem bisherigen Verhalten? Was soll nicht verändert werden?* Erst wenn diese Frage beantwortet ist, kann Neues gelernt werden, ohne dass die Gefahr besteht, sogleich in das gegenteilige Extrem zu verfallen. Dieser Zusammenhang kann den Klient(inn)en an dem oben gezeigten Sparsamkeitsbeispiel verdeutlicht werden.

Weiterhin wichtig für Pädagog(inn)en und Klient(inn)en ist ein Verständnis für biografische Entwicklungszusammenhänge. Die schützenden Persönlichkeitsanteile sind so mächtig geworden, weil das kleine Kind dieses Schutzes bedurft hatte. Frühkindliche und langandauernde Verletzungs- und Bedrohungssituationen bilden ein inneres System heraus, das versucht, darauf bestmöglich zu reagieren, indem es die kindlichen Anteile abschirmt. Es kommt zu einer inneren Erstarrung, in der die schützenden Anteile sich in akuten Bedrohungssituationen – also in Krisen – immer noch so verhalten, als wäre man ein Kind, das sich nicht wehren kann. Das macht die Reaktionen von außen betrachtet so unangemessen, maßlos und oft auch rigide. Bevor neue Verhaltensweisen in das eigene Repertoire aufgenommen werden können, muss ein innerer Dialog stattfinden, der den schützenden Anteilen glaubhaft klar macht, dass ihre Schutzfunktion nun, wo man erwachsen ist, nicht mehr im selben Maße notwendig ist. Das ist ein längerer, manchmal auch therapeutischer Prozess, den Sozialpädagog(inn)en lediglich anstoßen können. Hier ist eine Kooperation zwischen den Fachdisziplinen notwendig, so dass Betroffene neben der Hilfe zur Erziehung auch psychotherapeutische Hilfe erhalten, im Falle von Traumatisierungen von ausgewiesenen Traumatherapeuten (Friedrich 2011a).

Soziales Netzwerk und soziale Unterstützung

4.1 Soziales Netzwerk

Das soziale Netzwerk eines Menschen besteht aus seinen vielfältigen Kontakten und Beziehungen zu anderen Menschen. Diese können ihm unterschiedlich nahestehen und auf unterschiedliche Weise mit ihm verbunden sein. Sie gehören zu verschiedenen Lebensbereichen, wie zum Beispiel zur Familie, zur Nachbarschaft, zum Beruf oder zum Freundeskreis.

Das professionelle Netzwerk umfasst alle Beziehungen zu Menschen, die für ihre Unterstützungsleistungen, die sie anbieten, finanziell entlohnt werden. Klassisch sind hier Steuerberater, Ärzte und Psychotherapeuten zu nennen, im Bereich der Kinder- und Jugendhilfe insbesondere auch sozialpädagogische Betreuer(innen) und das Jugendamt.

Weite Teile der menschlichen Kontakte und Beziehungen sind jedoch informell. Man nennt sie auch das primäre Netzwerk (Verwandte, Nachbarn, Freunde), im Gegensatz zum sekundären (Kita/Schule etc.) und zum tertiären Netzwerk, das dem professionellen Netzwerk entspricht. Das soziale Netzwerk eines/r Klienten/in erhebt man am besten mit der *Netzwerkkarte* (s. Kap. 7.1).

Das informelle Netzwerk spielt in der *Ressourcenorientierten Netzwerkmoderation* eine große Rolle; aus ihm setzt sich die Gruppe zusammen, die zur Unterstützung des/r Klienten/in zusammengerufen wird. Lehrer(innen) und Erzieher(innen) können, wo dies sinnvoll erscheint, ebenfalls dazu gebeten werden, professionelle Helfer(innen), bis auf den/die Familienhelfer(in) bzw. Bezugsbetreuer(in) eher nicht. In jedem Fall sollte die Anzahl der informellen Netzwerkmitglieder gegenüber den professionellen überwiegen.

Neben Bindungen zu einzelnen Personen sollten bei einer Netzwerkanalyse auch Zugehörigkeiten zu konkreten Gruppen (Sportverein, Schulklasse etc.) oder Gruppierungen (Berufsgruppen etc.) erfasst werden. Soziale Unterstützung wird zwar hauptsächlich aus persönlichen Bindungen zu einzelnen Menschen gezogen.

Das Wissen darum, keine einsame Insel, sondern in ein soziales Umfeld eingebunden zu sein, einen Platz zu haben und dazuzugehören, bedeutet jedoch auch eine Form alltäglicher Unterstützung und wirkt sich zudem direkt auf das Wohlbefinden eines Menschen aus. Dazu kommt, dass Gruppen eine Vielzahl möglicher neuer persönlicher Bindungen bereithalten, die eingegangen werden können, indem aus den zuerst losen Kontakten allmählich feste Bekanntschaften oder sogar Freundschaften werden. Persönliche Bindungen entwickeln sich also zumeist aufgrund geteilter Gruppenzugehörigkeiten.

Doch nicht jede Gruppe bietet dieses Potenzial. Soziale Gruppenzugehörigkeiten bilden die soziale Identität aus, sie können daher sowohl als selbstwertstärkend als auch als selbstwertschwächend erlebt werden. Selbstwertschwächend sind sie in der Regel dann, wenn die Zugehörigkeit nicht frei gewählt wurde und die Gruppe zudem gesellschaftlich einen niedrigen Status zugesprochen bekommt, also von innen wie von außen Abwertung erfährt, wie beispielsweise die Gruppe der Hartz-4-Empfänger. Menschen wählen mindestens drei unterschiedliche Strategien, um mit ihrer Zugehörigkeit zu solchen Gruppen selbstwertstärkend umzugehen. Die erste Strategie besteht in dem Versuch, die Gruppe zu verlassen, was aber gesellschaftlich nicht immer möglich ist. Ist auch keine Umdeutung möglich, also eine eigene positive Bewertung dieser Gruppe, wie das beispielsweise in jugendlichen Drogen- oder Delinquenzcliquen der Fall ist (zweite Strategie), hilft nur noch, den Fokus zu verschieben, also sich zusätzlich alternative Gruppenzugehörigkeiten (z. B. Parteimitgliedschaft, Ehrenamt) aufzubauen, die als selbstwertstärkend erlebt werden (dritte Strategie). Diese müssen natürlich ähnlich salient sein, sonst funktioniert die Selbstwertstärkung nicht.

4.2 Soziale Unterstützung

Soziale Unterstützung ist vielfältig. Damit ein Unterstützungsangebot gut angenommen und als hilfreich erlebt werden kann, muss einiges zusammenkommen. Zunächst einmal muss das Unterstützungsangebot zum bestehenden Bedarf passen – wenn der Rechner kaputt ist, nützt emotionaler Zuspruch wahrscheinlich wenig. Viel hilfreicher wäre da das Angebot, den Computer eines Freundes nutzen zu dürfen, noch besser die Fähigkeit und Bereitschaft eines Bekannten, ihn wieder zu reparieren. Allerdings spielt neben der Passung zwischen konkretem Bedarf und Angebot auch eine nicht unwichtige Rolle, *wer* die Unterstützung anbietet. Erlaubt die Qualität der Beziehung, mit gutem Gefühl und ohne schlechtes Gewissen Hilfe anzunehmen? Oder steht die Sorge im Vordergrund, etwas schuldig zu bleiben oder sich unerwünschte Nebenwirkungen (Abwertung, Abhängigkeit, Kontrolle) mit einzukaufen? In diesem Fall wird der Preis als zu hoch erlebt und die Hilfe wird gar nicht oder von negativen Emotionen begleitet angenommen.

Manche Klient(inn)en haben früh die Erfahrung gemacht, dass andere Menschen nicht bereit oder in der Lage waren, sie adäquat zu unterstützen. Es fällt ihnen daher schwer, sich im privaten Netzwerk Hilfe zu suchen. Dazu kommt das Verständnis von professioneller Hilfe als Ersatz für ein funktionierendes Netzwerk. Es mag zunächst leichter erscheinen, professionelle Hilfe in Anspruch zu nehmen als private Unterstützung, da das Reziprozitätsgesetz hier nicht gilt: Profis ist man nichts schuldig, sie erhalten schließlich eine finanzielle Entlohnung für ihre Dienste. Auf der anderen Seite birgt professionelle Hilfe, zumindest im Bereich der Lebensführung, Alltagsbewältigung und Kindererziehung, auch immer die Gefahr von Stigmatisierung und damit einhergehendem Selbstwertverlust, ist also teuer erkauft! In jeder Hilfe zur Erziehung muss es daher von Beginn an auch darum gehen, die Netzwerkkompetenz der Klient(inn)en gezielt zu fördern. Die Fähigkeit, Kontakte aufzubauen und zu halten sowie sich gegenseitig zu unterstützen, fungiert wie ein zweites Sicherungsseil beim Klettern. Selbstverständlich ist es gut, auf die eigenen Fähigkeiten zu vertrauen, und Sozialpädagog(inn)en verwenden ja auch zu Recht viel Energie darauf, die personalen Kompetenzen ihrer Klient(inn)en zu stärken. Alle Menschen brauchen jedoch auch ein soziales Netzwerk und die Unterstützung, die es bietet. Das gilt für Krisenzeiten genauso wie für den Alltag und es betrifft ebenso praktische Unterstützung wie auch emotionale. Bei der Analyse des klienteneigenen Unterstützungsnetzwerkes sollte also zumindest nach den folgenden vier Unterstützungsbereichen explizit gefragt werden: praktische Alltagsunterstützung, praktische Krisenunterstützung, emotionale Alltagsunterstützung und emotionale Krisenunterstützung. Am besten gelingt diese Abfrage anhand von konkreten Situationen, wie sie die *Unterstützungskarte* liefert (s. Kap. 7.2). Die Netzwerkarbeit auf das Ende der Hilfe zu verschieben, wäre fatal. Kontakte und Beziehungen wollen gepflegt werden, sonst verkümmern sie. Ein Netzwerk, das vernachlässigt wird, zieht sich zurück und steht dann nach Abschluss der Hilfe nicht bereit, womit möglicherweise schneller erneut professionelle Hilfe in Anspruch genommen werden muss, als dies mit sozialer Unterstützung nötig wäre. Der folgende Exkurs beschreibt zusammenfassend Aufbau und Ergebnisse meiner Dissertationsstudie zur Aktivierung informeller Klientennetzwerke in der Sozialpädagogischen Familienhilfe (Friedrich 2008b).

Studie zur Aktivierung informeller Netzwerke in der Sozialpädagogischen Familienhilfe

Einleitung
„Niemand ist eine Insel ganz für sich selbst, jedermann ist ein Teil des menschlichen Kontinentes." So beschrieb der britische Poet und Zeitgenosse Shakespeares John Donne (1572–1631), was uns Menschen als soziale Wesen kennzeichnet. Für die Soziale Arbeit bedeutet das, Klient(inn)en nicht als kleine, verlassene Inseln zu betrachten, sturmumpeitscht auf hoher See, umschlossen vom wilden Ozean, sondern als Mittelpunkt ihres sozialen Netzwerkes und grundsätzlich in der Lage, vielfältige Unterstützung aus diesem zu ziehen. Viel zu oft passiert genau dies aber gerade nicht. Obgleich von allen Seiten gefordert, findet Netzwerkarbeit in der Sozialen Arbeit nur eingeschränkt statt.

Design
Ziel der Dissertation war es daher, netzwerkorientierte Interventionsmethoden für die Soziale Arbeit zu entwickeln, ihre Wirksamkeit und die Konzepttreue zu überprüfen, ihre Nachhaltigkeit zu fördern sowie das Konzept aufgrund der erhaltenen Ergebnisse weiter zu entwickeln. Dazu wurden 20 Familienhelfer(innen) von 8 Hamburger Trägern ambulanter Sozialarbeit in netzwerkorientierten Interventionsmethoden geschult, welche sie in den darauf folgenden 9 Monaten in ihre Arbeit integrierten (n = 26 Familien).

Das methodische Vorgehen kann als „Netzwerkcoaching" bezeichnet werden: Es beinhaltete eine systematische Besprechung des Unterstützungsnetzwerkes der Familien, die gemeinsame Entwicklung von Netzwerkzielenund die schrittweise Verfolgung dieser Ziele unter Berücksichtigung vorhandener Ressourcen. Ziel war die Aktivierung ihres sozialen Netzwerkes, so dass es mehr soziale Unterstützung böte als bisher bzw. die Unterstützung von dem/der Klienten/in mehr als bisher genutzt werden könne. Es ging also in der sozialpädagogischen Arbeit primär darum, Beziehungen aufzubauen und aufrecht zu erhalten sowie zu üben, sich Unterstützung im Alltag und in Krisenzeiten aus dem privaten Netzwerk zu holen und zu sichern. Die diesem Vorgehen zugrunde liegende Haltung lässt sich als eine ausbalancierte Ressourcenorientierung beschreiben, die die Ressourcen der Familien erkennt, fördert und nutzt, ohne ihre Probleme zu vernachlässigen und sich damit von der in der Sozialen Arbeit weitverbreiteten Defizitfokussierung abgrenzt.

4.2 Soziale Unterstützung

Zusätzlich wurde eine sorgfältig gematchte Kontrollgruppe eingesetzt (n = 23), in der mit traditioneller Familienhilfe gearbeitet wurde. Es wurde erwartet, dass die Verfügbarkeit an wahrgenommener sozialer Unterstützung sowie ihre Adäquatheit – gemessen mit dem Mannheimer Interview zur sozialen Unterstützung nach Veiel (1987) – in der Untersuchungsgruppe ebenso ansteigt wie die Effektivität der Familienhilfe, bestimmt durch die Anzahl der erreichten Hilfeplanziele im Interventionszeitraum. Qualitative Interviews mit allen Prozessbeteiligten ergänzten die quantitative Datenerhebung. Nach 3 Monaten fand eine Nachbefragung zum weiteren Methodeneinsatz statt.

Ergebnisse und Diskussion
Die Ergebnisse verhalten sich überwiegend hypothesenkonform: Es konnte ein signifikanter Effekt der Intervention auf die Verfügbarkeit und die Adäquatheit der wahrgenommenen Unterstützung nachgewiesen werden. Zumindest aus Sicht der befragten Klient(inn)en gab es auch eine signifikante Differenz zwischen Untersuchungs- und Kontrollgruppe im Ausmaß der Hilfeplanzielerreichung zugunsten der Untersuchungsgruppe, was als eine Effektivitätssteigerung der Sozialpädagogischen Familienhilfe interpretiert werden kann. Dieser Befund wird jedoch kontrastiert durch die ebenfalls erhobene Perspektive der Familienhelfer(innen). Aus ihrer Sicht fand kein so definierter Zuwachs an Effektivität statt. Der Einsatz der getesteten Methoden kann als praktisch bedeutsam für die Soziale Arbeit interpretiert werden: Die berechneten Effektstärken liegen zwischen $d = 0.48$ und $d = 0.65$, also im mittleren bis hohen Bereich, und auch die Ergebnisse der qualitativen Befragungen, nach denen die meisten Klient(inn)en angeben, dass sich ihr Netzwerk im Interventionszeitraum verändert hat, dabei zumeist in die gewünschte Richtung, und zwei Drittel sich jetzt mehr von ihrem Netzwerk unterstützt fühlen als vor einem Dreivierteljahr (für ein Drittel der Betroffenen hat sich nichts verändert), stützen diese Interpretation. Die Follow-Up-Befragung ergab eine selbstständige Weiterverwendung der Methoden, was als Indiz für die Nachhaltigkeit gewertet werden kann.

Fazit
Die Ergebnisse ermutigen nicht nur zur weiteren Erforschung des Gegenstandes sondern auch zum regelhaften Einsatz und zur Weiterentwicklung netzwerkorientierter Interventionsmethoden in der Praxis der Sozialen Arbeit. Das Forschungsprojekt zeigt auch, dass Wirksamkeitsforschung in der Sozia-

> len Arbeit möglich ist. Das Interesse und die vielfältigen positiven Reaktionen insbesondere aus der Praxis offenbaren zudem, dass es lohnenswert ist: Die Erfahrungen und Ergebnisse dieses Projektes fließen im Sinne einer formativen Evaluation bereits in weitere Forschungs- und Praxisprojekte in unterschiedlichen Bereichen (psycho)sozialer Arbeit ein.

Netzwerkkompetenz beginnt bei einer positiven Netzwerkorientierung. Damit ist die Erwartungshaltung gemeint, dass andere Menschen grundsätzlich bereit und in der Lage sind, mich zu unterstützen und dass ich grundsätzlich bereit und in der Lage bin, andere um Unterstützung zu bitten. Die Netzwerkorientierung ist eine relativ stabile Persönlichkeitseigenschaft, die sich basierend auf den (frühkindlichen) Beziehungserfahrungen herausgebildet hat. Sie ist also zumindest zu großen Teilen gelernt und damit sowohl hartnäckig in ihrer Beharrungstendenz als auch grundsätzlich modifizierbar. Sie kann als notwendiges Fundament für Netzwerkarbeit betrachtet werden. Fehlen zu viele Steine in diesem Fundament, wird eine *Ressourcenorientierte Netzwerkmoderation* nicht gelingen. Auf der anderen Seite darf das Fundament ruhig ein paar Löcher aufweisen, solange der/die Klient(in) grundsätzlich bereit ist, sich auf sein/ihr informelles Netzwerk einzulassen. Mit Unterstützung des/r Sozialpädagogen/in können dann neue, korrigierende Selbstwirksamkeits-Erfahrungen gemacht werden („Mir gelingt es, die Hilfe zu bekommen, die ich gerne hätte!") oder das Selbstwertgefühl gesteigert werden („Andere Menschen mögen mich und unterstützen mich gerne!"). Wichtig ist, dass professionelle Helfer(innen) nicht von einer uneingeschränkt positiven Netzwerkorientierung bei ihren Klient(inn)en ausgehen. Studien haben vielmehr gezeigt, dass sozial benachteiligte Gruppen eine relativ negative Netzwerkorientierung haben (Tolsdorf 1976; zitiert nach Vaux et al. 1986, S. 160). Das ist aufgrund erlebter Beziehungstraumata erklärbar. Es fehlt dann das Grundvertrauen in die Funktion sozialer Netzwerke oder manchmal auch nur das Verständnis davon. Pädagog(inn)en können in den Hilfen zur Erziehung Zeit und Raum für eine reflexive Auseinandersetzung mit den eigenen Unterstützungserfahrungen und -wünschen anbieten. Dabei helfen Fragen, wie: *Als Sie das letzte Mal in einer Krise waren, haben Sie da versucht, Unterstützung durch Freunde oder Verwandte zu bekommen? An wen haben Sie sich gewandt? Welche Art der Unterstützung wollten Sie gerne? Warum von dieser Person? Wie genau haben Sie darum gebeten? Haben Sie die Unterstützung bekommen, die Sie wollten? Wie haben Sie sich dabei gefühlt? Hat Ihnen die Unterstützung geholfen? Hatten Sie das Gefühl, etwas zurückgeben zu müssen? Haben Sie etwas zurückgegeben? Wie hat die andere Person reagiert?* Entsprechend dem

Ausgang der Geschichte lohnt es sich zu fragen: *Was können Sie davon übertragen auf zukünftige Situationen?* oder *Was würden Sie das nächste Mal anders machen?* Werden erst einmal positive Unterstützungserfahrungen gemacht – und diese haben wie bereits weiter oben erwähnt sehr viel mit der erlebten Passung zwischen gewünschter/erwarteter und erhaltener Hilfe zu tun – wirkt sich das auch auf die Netzwerkorientierung aus. Manchmal reicht schon ein positives Erlebnis, um das alte Muster zu durchbrechen. Pädagog(inn)en sollten jedoch damit rechnen, dass sich solche Muster, ähnlich der beschriebenen Attributionsmuster (s. Kap. 3.1) eine ganze Weile hartnäckig halten, da sie oftmals sehr früh gelernt wurden. Dennoch: Korrigierende Erfahrungen sind die einzige Möglichkeit der Musterdurchbrechung und steter Tropfen höhlt den Stein!

Hilfreich bei der Realisierung des Hilfesuchverhaltens scheint das im Kap. 5.1 beschriebene mentale Kontrastieren zu sein. Es bedeutet in diesem Fall, sich im ersten Schritt auszumalen, was einem die Unterstützung bringt und wie es sich anfühlen wird, sie zu erhalten, um sich anschließend mit den Hindernissen in der gegenwärtigen Realität auseinanderzusetzen, also zum Beispiel, sich nicht zu trauen, andere um Unterstützung zu bitten aus Angst vor Ablehnung der Bitte (Oettingen et al. 2010). Auch dieses Pendeln lässt sich durch die entsprechenden Fragen professionell unterstützen.

Um eine Sensibilität für das Thema und die Zufriedenheit damit zu entwickeln, lohnt es sich, eine Weile ein Unterstützungstagebuch zu führen, also täglich abends zu notieren, wer einen auf welche Weise am Tag unterstützt hat. Da vielen Klient(inn)en das Schreiben schwerfällt und es viel Selbstdisziplin braucht, sich jeden Abend hinzusetzen und etwas aufzuschreiben, kann das Tagebuch auch mündlich geführt werden, indem der/die Sozialpädagoge/in bei jedem Treffen nach den konkreten Unterstützungserfahrungen der letzten Tage fragt.

4.3 Reziprozität

Reziprozität meint die Balance zwischen Nehmen und Geben in Unterstützungsbeziehungen. Sie muss gewährleistet sein, sonst läuft die Beziehung Gefahr zu zerbrechen. Weder Unterstützungsgeber(in) noch Unterstützungsnehmer(in) werden sich in der Regel mit diesem Ungleichgewicht dauerhaft wohlfühlen. Zwar erlaubt eine engere Beziehung durchaus längere Phasen schwerpunktmäßigen Gebens oder Nehmens, irgendwann entsteht jedoch auch hier die Frage nach der Wiederherstellung des Gleichgewichts.

Zu einem Stolperstein wird die fehlende Reziprozität jedoch oft schon viel früher, dann nämlich, wenn sie lediglich antizipiert wird: Wer damit rechnet, ins „Minus" zu geraten und seine „Unterstützungsschulden" nicht zurückzahlen zu können, ist weniger bereit, andere überhaupt um Hilfe zu bitten. Und wer erwartet, ohne Gegenleistung „ausgenutzt" zu werden, wird eher verhalten auf Unterstützungswünsche reagieren. Beides muss in der gesamten Netzwerkarbeit, aber besonders innerhalb einer *Ressourcenorientierten Netzwerkmoderation* als Stolperstein erkannt und im Auge behalten werden. (Fehlende) Reziprozität muss angesprochen und zum Thema gemacht werden, um einen lösungsorientierten Umgang mit zeitweiligem Ungleichgewicht zu finden und dieses soweit wie möglich zu begrenzen. In der Anleitung zur Vorbereitung und Durchführung einer *Ressourcenorientierten Netzwerkmoderation* wird darum immer wieder auf den adäquaten Umgang mit diesem sensiblen Thema hingewiesen.

In Klient-Sozialarbeiter-Beziehungen ist das Reziprozitätsprinzip ausgehebelt. Das macht professionelle Hilfe trotz der ihr innewohnenden Stigmatisierungsgefahr verführerisch. Sie erspart Klient(inn)en die oft fordernde Auseinandersetzung mit der richtigen Balance zwischen Nehmen und Geben in ihren Beziehungen und damit auch die Auseinandersetzung mit der jeweils gültigen spezifischen Beziehungsdefinition: „Wie stehen wir zueinander, was erwarten wir voneinander, was hält unsere Beziehung (nicht) aus?" Das bedeutet aber auch, dass sich die Beziehungserfahrungen aus den Klient-Sozialarbeiter-Beziehungen, auch wenn sie heilsam sind, nicht ohne weiteres auf informelle Beziehungen übertragen lassen. Netzwerkkompetenz bedeutet, Reziprozität herstellen zu können und auch das muss geübt werden. Die *Unterstützungskarte*, die bei der Vorbereitung der Ressourcenorientierten Netzwerkmoderation eingesetzt wird, analysiert darum nicht nur, welche Unterstützung die Klient(inn)en erhalten, sondern auch, welche sie ihrem Netzwerk geben.

Die Arbeit an Zielen 5

Die Arbeit an Zielen ist ein zentraler Bestandteil des ressourcenorientierten Arbeitens, da sich das Selbstwirksamkeitserleben an der Erreichung selbstgesteckter Ziele misst. Ziele müssen dabei festgelegt (generiert) werden, konkretisiert, verfolgt und überprüft.

5.1 Zielbindung

Zur Zielerreichung ist eine gewisse Motivation unabdingbar. Es kann sich dabei um eine Hin-zu-Motivation (etwas Positives erreichen wollen) oder eine Weg-von-Motivation (etwas Negatives verhindern wollen) handeln, beides kann tragfähig genug sein, dass der/die Klient(in) an der Zielereichung mitwirkt. Im Allgemeinen ist eine Hin-zu-Motivation stärker, denn es ist verlockender, etwas Angenehmes hinzuzugewinnen, als lediglich den Status Quo zu erhalten, sich also nicht weiter zu verschlechtern. Zudem ist das Vermögen und die Bereitschaft der Klient(inn)en, sich negative Konsequenzen auszumalen, unterschiedlich. Wer eher ängstlich ist, antizipiert auch eher Unangenehmes und ist dann auch eher motiviert, Anstrengungen zu unternehmen, es zu vermeiden. Auf der anderen Seite, sind die befürchteten Konsequenzen unter Umständen ja durchaus gravierend, insbesondere wenn Kindesherausnahme droht, und mobilisieren Anstrengungsbemühungen.

Es ist nicht entscheidend, dass die ursprüngliche Zielformulierung von den Klient(inn)en selber kommt. Das ist ja auch gar nicht immer möglich. Selbstverständlich gibt es den korrigierenden fachlichen Blick auf die Lebenssituation der Klientenfamilien. Von außen werden daher auch notwendige Ziele erkannt und für die Arbeit formuliert – in der ambulanten und stationären Kinder- und Jugendhilfe immer im Sinne der Gewährleistung des Kindeswohls. Viele dieser Ziele stammen erst mal nicht von den Klient(inn)en. Selbstverständlich muss es auch pädagogisches Ansinnen sein, die Klientenziele möglichst gleichberechtigt zu erheben und zu verfolgen, aber ganz ohne „Fremdziele" (von Jugendamt und/oder Träger) kommt die Soziale Arbeit in der Regel nicht aus. Es ist daher umso wichtiger, dass solche Fremdziele im Laufe der Betreuung von den Klient(inn)en „in Besitz genommen" werden, dass sie sie sich zueigen machen und eine eigene Motivation – egal ob Hin-zu oder Weg-von entwickeln. Darauf von Seiten des/r Betreuers/in hinzuwirken und so die Mitwirkungsbereitschaft zu erhöhen, macht die pädagogische Arbeit aus. Dazu gibt es keine Alternative, da Menschen keine Ziele erreichen, die sie nicht erreichen wollen, sondern im Gegenteil bewusst oder unbewusst alles dafür tun, die Zielerreichung zu verhindern. Das passiert sogar schon bei inneren Zielambivalenzen, bedarf also noch nicht einmal der totalen Ablehnung des Ziels von Seiten des/r Klienten/in. Zielambivalenzen lassen sich sichtbar und bearbeitbar machen mit der Methode des *Inneren Teams* (Friedrich 2010a).

Jedes Fremdziel ist folglich daraufhin unter die Lupe zu nehmen, welche Attraktion es für den/die Klienten/in hat. *Was gewinnen Sie dadurch, wenn Sie es schaffen, sich gut um die Gesundheit Ihrer Kinder zu kümmern, also alle Vorsorgetermine beim Kinderarzt wahrzunehmen?* ist beispielsweise eine Frage, die nicht verhehlt, dass es sich ursprünglich nicht um einen selbst geäußerten Veränderungswunsch des Elternteils gehandelt hat, oder auch: *Wie können wir daraus ein Ziel machen, dass für Sie selber eine Bedeutung hat?* Ein Umweg kann auch das Herausarbeiten des Guten bzw. Erhaltenswerten am bisherigen Zustand oder Klientenverhalten sein, da das, wenn es in die Zielkonkretisierung einfließen darf, die Angst vor einem zu hohen Preis der Veränderung verringert (s. dazu auch Kap. 3.5). Die Psychologie spricht in diesem Zusammenhang von der Zielbindung, die dazu führt, dass Menschen beginnen, „das Ziel umzusetzen, indem sie die Zielrealisierung für die Zukunft planen" (Gawrilow et al. 2009, S. 186). „Ein Ziel zeichnet sich durch eine besondere Verbindlichkeit (commitment) aus, die auch verstanden werden kann als Entschlossenheit, kontinuierlich nach dem gewünschten Ergebnis zu streben" (Klinger 1975, in Gawrilow et al. 2009, S. 184). Eine starke Zielbindung und die damit verbundene Anstrengungsbereitschaft setzen allerdings eine entsprechende Erfolgserwartung voraus (Gawrilow et al. 2009). Ist diese gering, erfolgt keine Zielbindung, Ziele werden also nicht „in Besitz genommen" und es wird nichts für ihr Erreichen getan. Klient(inn)en zu ermutigen und ihnen Unterstützung zuzusichern, so dass sie die Erfolgschancen positiver bewerten, als sie es allein aufgrund ihrer bisherigen Erfahrungen vermutlich tun würden – über den Einfluss der Attributionsmuster wurde bereits gesprochen (s. Kap. 3.1) – ist eine zentrale pädagogische Intervention auf dem Weg zur Zielbindung. Um eine realistische Erfolgserwartung zu entwickeln, bedarf es einer Balance zwischen der Antizipation der positiven Zukunft und den Hindernissen in der gegenwärtigen Realität. Ausschließliches Schwelgen oder alleiniges Grübeln führen nicht zu einer vertieften Auseinandersetzung mit

5.1 Zielbindung

dem Ziel, so dass auch keine Einschätzung erfolgen kann, ob es erreichbar ist. Erst durch das *mentale Kontrastieren* werden „Zukunft und gegenwärtige Realität simultan kognitiv zugänglich und die Realität erscheint der erwünschten Zukunft als im Wege stehend. Dadurch entsteht Handlungsnotwendigkeit, die die Frage aufwirft, ob die gegenwärtige Realität in Richtung der erwünschten Zukunft verändert werden kann" (Gawrilow et al. 2009, S. 186). Wird diese Frage mit ja beantwortet, entwickelt der/die Klient(in) eine hohe Zielbindung.

Es ist äußerst wichtig zu verstehen, dass es keine Garantie dafür gibt, dass die von Seiten des Jugendamtes und des Trägers als relevant erachteten pädagogischen Ziele tatsächlich im Laufe der gemeinsamen Arbeit von den Klient(inn)en in Besitz genommen werden. Es kann daher in der ambulanten Kinder- und Jugendhilfe wichtig sein, diese Erkenntnis auch gegenüber dem Jugendamt zu kommunizieren, um als Träger nicht die Verantwortung für die Zielerreichung von Klientenzielen „aufs Auge gedrückt" zu bekommen. Auch sollte zwischen Klienten- und Betreuerzielen unterschieden und beide getrennt voneinander formuliert werden. Für die Betreuerziele können und sollen die professionellen Helfer(innen) dann tatsächlich die Verantwortung übernehmen. Ein Betreuerziel könnte z. B. sein, ein klares Abbruchkriterium zu entwickeln, bis zu dem das Kind in der Familie belassen werden kann. Ist es überschritten, das Kind also zu gefährdet, müssen pädagogisch verantwortliche Schritte zur Kindeswohlsicherung unternommen werden, für die der/die Familienhelfer(in) die Verantwortung trägt. Parallel dazu wird mit den Eltern erarbeitet, inwieweit es ihr eigenes Ziel ist, das Kind in der Familie zu behalten und was sie dafür tun können und müssen. Die Trennung zwischen ausformulierten Klienten- und Betreuerzielen schafft somit Klarheit und Entlastung.

Hilfreich ist zudem die Unterscheidung zwischen Zielen und Wünschen an das Gegenüber: „Ich möchte, dass mein Klient Vertrauen zu mir hat und mich als Ansprechpartner nutzt", ist eigentlich ein Wunsch an den Klienten, den er erfüllen kann oder auch nicht. Professionelle Helfer(innen) können entgegengebrachtes Vertrauen zwar auch als ein Betreuerziel betrachten, es entsprechend benennen und gegenüber ihren Klient(inn)en deutlich machen, was sie gedenken für die Zielerreichung zu tun; sie sollten aber nicht versuchen, es ihren Klient(inn)en als deren Ziel zu verkaufen! Diese Unterscheidung vermeidet Frust und Missverständnisse. Denn nur derjenige, dessen Ziel es ist, wird etwas für das Erreichen tun. Das sind in diesem Fall die Fachkräfte, nicht der/die Klient(in). In diesem Beispiel liegt das Erreichen selbstverständlich nicht vollständig in der eigenen Hand. Anders ist das bei pädagogischen Zielen, die keinen Wunsch an das Gegenüber beinhalten (s. o.). In der Arbeit mit Familien kommt es häufig vor, dass Wünsche an die Anderen als Ziele verpackt werden. Die Mutter antwortet beispielsweise auf die Frage nach ihren Zielen, der 13-jährige Sohn möge nicht nur vor dem PC herumsitzen, sondern einer „sinnvollen" Freizeitaktivität nachgehen. Das ist, genau genommen, ein Wunsch an den Sohn und sollte auch als solcher Mutter und Sohn transparent gemacht werden. Der Jugendliche könnte beispielsweise gefragt werden: *Wie möchtest du mit dem Wunsch deiner Mutter umgehen? Was bräuchtest du, um ihm zu entsprechen? Was hättest du selber davon?*

5.2 Zieloperationalisierung

Bei der Zielformulierung ist es wichtig, die Ziele zu operationalisieren: Woran können Klient(in) und Außenstehende genau erkennen, dass das Ziel erreicht ist? Mit welchem Zielzustand sind Klient(in) (und evtl. Umwelt) voll zufrieden? Findet die Zieloperationalisierung in einem Prozess zwischen Betreuer(in) und Klient(in) statt, kann ein gemeinsames Verständnis entwickelt werden, wann ein Ziel als erreicht gilt. Dadurch werden komplett unterschiedliche Wahrnehmungen zur Zielerreichung vermieden. Die Zieloperationalisierung bewirkt zudem, dass sich der/die Klient(in) intensiv damit auseinandersetzen muss, was er/sie eigentlich genau erreichen möchte. Eigene Ziele werden benannt oder bestehende Fremdziele so umformuliert, dass sie bedeutsam werden. Durch diese Partizipation wächst zum einen die Zielbindung und damit die Bereitschaft, etwas für die Zielerreichung zu tun, da die Ziele weniger als von außen „aufgedrückt" erlebt werden. Zum anderen bewirkt jede Operationalisierung automatisch eine Konkretisierung. Und es gilt: Je konkreter ein Ziel benannt wird, desto wahrscheinlicher ist seine Erreichung.

Ein positiver Nebeneffekt der Zieloperationalisierung ist die spätere Überprüfbarkeit des Zielerreichungsgrades, der als einer von mehreren Gradmessern für den Erfolg der Hilfe gewertet werden kann. Die Auswertung der individuellen Zielerreichungsgrade über alle Fälle hinweg ist gleichzeitig eine einrichtungsinterne Qualitätssicherungsmaßnahme.

5.3 Zielpriorisierung

Wurde mehr als ein Ziel benannt, macht es Sinn, die Ziele zu priorisieren. Dabei hilft die Frage: *Wie wichtig ist Ihnen das Ziel zwischen 1 und 10?* Sie sollte jedem Prozessbeteiligten – also in der Regel zumindest dem/r Hilfeempfänger(in), dem/r Jugendamtsmitarbeiter(in) und dem/r Beteuer(in) – für jedes Ziel einzeln gestellt werden. Weniger günstig ist es, die Beteiligten zu bitten, die Ziele in eine Reihenfolge nach ihrer Wichtigkeit zu ordnen. Diskrepanzen zwischen den Sichtweisen der unterschiedlichen Beteiligten sind zu erwarten und sollten mit Interesse und Kompromissbereitschaft aufgenommen werden. Sind die unterschiedlichen Priori-

5.4 Zielüberprüfung

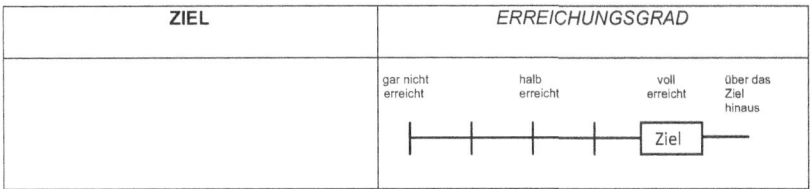

Abb. 5.1 Zielerreichungsgrad

täten transparent und erlaubt, kann gemeinsam ausgehandelt werden, in welcher Reihenfolge die Ziele bearbeitet werden. Das macht eine motivierte Mitwirkung des/r Klienten/in sehr viel wahrscheinlicher, als wenn stillschweigend davon ausgegangen wird, dass alle Beteiligten schon das Gleiche meinen würden oder wenn die Ansicht besteht, dass die professionelle Sichtweise eine höhere Priorität habe als die Klientensichtweise.

5.4 Zielüberprüfung

Skalierungsfragen wie die folgenden können, ähnlich wie die Zieloperationalisierung, auch im Prozess eingesetzt werden, um den Entwicklungsfortschritt einzuschätzen.

- Wo zwischen 1 und 10 befinden Sie sich auf dem Weg zu Ihrem Ziel?
- Was müssten Sie tun, um von 4 auf 5 zu kommen?
- Wie zufrieden sind Sie mit Ihrem Fortschritt zwischen 1 und 10?

In der Kinder- und Jugendhilfe werden erstaunlicherweise noch viel zu selten Ziele konkretisiert und ihr Erreichungsgrad überprüft. Das steht im starken Gegensatz zu der Bedeutung, die die Hilfeplanung für die Hilfen zur Erziehung hat. Dabei sagt die Zielerreichung viel über die Effektivität der Hilfen aus und könnte im Sinne einer Selbstevaluation als, wenn auch nicht alleiniger, Gradmesser für die Güte der Hilfen betrachtet werden. Auch Zahlenstrahle eignen sich zur Überprüfung, inwieweit Ziele erreicht wurden (Abb. 5.1).

Das Wichtigste bei der Arbeit an Zielen ist aber sicherlich, tragfähige Pläne zu ihrer Erreichung zu entwickeln. Im Rahmen der *Ressourcenorientierten Netzwerkmoderation* passiert das in der Phase III (s. Kap. 10.3).

Moderation 6

Moderation ist ein Instrument, das in ganz unterschiedlichen Kontexten dabei hilft, eine Gruppe zu einem Arbeitsergebnis zu führen. Das kann eine Klärung oder Vereinbarung sein, wie es in der Konfliktmoderation der Fall ist (Redlich 2009), eine konkrete Zukunftsvision, wie sie mithilfe der Methode der Zukunftswerkstatt erarbeitet wird (Kuhnt und Müllert 2006; Albers und Broux 1999), oder aber – und das ist der häufigste Fall – ein konkreter Handlungsplan für die Beteiligten.

Wie jede andere Gruppenmoderation setzt sich auch die *Ressourcenorientierte Netzwerkmoderation* als Aufgabe, ein solches Arbeitsergebnis zu erreichen. Ihren ressourcenorientierten Charakter erhält sie durch ihr besonderes Augenmerk auf die vorhandenen sozialen sowie personalen Ressourcen innerhalb der moderierten Gruppe.

Um von einem erfolgreichen Moderationsprozess sprechen zu können, ist es essenziell, dass das erarbeitete Ergebnis tragfähig und nachhaltig ist. Es sollte also die Chance haben, in den Arbeits- oder Familienalltag transferiert zu werden und dort langfristig zu wirken. Um Tragfähigkeit und Nachhaltigkeit zu gewährleisten, stehen dem/r Moderator(in) verschiedene Mittel zur Verfügung, nämlich eine Grundhaltung, ein Grundgedanke und ein ganzer Koffer an methodischem Handwerkszeug: Die Grundhaltung des/der Moderators/in ist die Allparteilichkeit, der Grundgedanke die Prozessverantwortung, das Handwerkszeug sind die Moderationsmethoden. Den einzelnen Begriffen soll sich im Folgenden genähert werden.

6.1 Die Grundhaltung – Allparteilichkeit

Die Grundhaltung des/der Moderators/in während einer jeden Gruppenmoderation ist die so genannte Allparteilichkeit. Allparteilichkeit bedeutet, sich während des gesamten Moderationsprozesses zu bemühen, jedes einzelne Gruppenmitglied möglichst genau zu verstehen, ihm zu seinem Recht zu verhelfen, sich zu äußern und es, wenn nötig, vor verbalen Angriffen anderer zu schützen. Allparteilichkeit grenzt sich somit merklich von dem Begriff der Neutralität ab – nicht emotionale Distanz und Versachlichung stehen hier im Vordergrund, sondern Zugewandtheit. Übersetzt in die Sprache der Sozialen Arbeit, in der Parteilichkeit bzw. Anwaltschaftlichkeit für die eigenen Klient(inn)en die Arbeitsbeziehungen bestimmt, bedeutet das, im Rahmen der Moderation *alle* Gruppenmitglieder gleichermaßen als Klient(inn)en zu verstehen. Um dies in der *Ressourcenorientierten Netzwerkmoderation* zu gewährleisten, bietet es sich an, dass nicht der/die Familienhelfer(in) selber die Moderation übernimmt, sondern ein(e) methodisch geschulte(r) Kollege/in (siehe auch Kap. 9).

Allparteilichkeit meint, einen wachsamen Blick dafür zu entwickeln, wie die Kräfteverhältnisse in einer Gruppe sind und inwiefern sie dazu führen, dass menschliche Grundbedürfnisse nach Akzeptanz und Wertschätzung verletzt werden. Ist das der Fall, ist eine angstfreie und konstruktive Beteiligung aller Gruppenmitglieder nicht möglich, worunter in aller Regel die Arbeitsfähigkeit der Gesamtgruppe und letztendlich das Arbeitsergebnis leidet. Als Moderator(in) ist es darum nicht nur wichtig, jedem Gruppenmitglied gleichermaßen akzeptierend und wertschätzend gegenüberzutreten, sondern auch in der Gruppe korrigierend einzugreifen, wenn nicht förderlich miteinander umgegangen wird. Hilfreicher als Ermahnungen auszusprechen, ist es dabei, merkbar einen anderen Blickwinkel einzunehmen und verbale Angriffe als Sorge umeinander, als Wunsch nach mehr Nähe oder als Bedürfnis nach Schutz umzudeuten. Dabei hilft das Konzept der inneren Pluralität, dass davon ausgeht, dass die Vielstimmigkeit innerer Regungen und die damit verbundenen inneren Ambivalenzen der Normalfall und nicht die Ausnahme sind (Schulz von Thun 1998). Das bedeutet, Menschen sind selten mit sich selbst völlig im Reinen und zeigen zu jedem Zeitpunkt immer nur einen Ausschnitt dessen, was sie ausmacht. Mit welcher Seite sie nach außen hin auftreten, hängt von verschiedenen Faktoren ab, äußerlichen wie innerlichen. Jeder Mensch verfügt über Persönlichkeitsanteile, die die Aufgabe haben, das Individuum vor Verletzungen durch andere Menschen zu schützen, und diese Aufgabe sehr ernst nehmen (s. Kap. 3.5). Übernehmen sie in einer Situation das „Ruder", wirkt das nach außen hin oft abgrenzend und harsch, der Konflikt ist vorprogrammiert. Biografische Erfahrungen können dazu führen, dass diese inneren Schutzmechanismen sehr schnell anspringen, manchmal so schnell, dass die dahinter liegende Verletzlichkeit und Bedürftigkeit nicht einmal von der betreffenden Person selber gespürt wird. Moderatives Geschick im Sinne der Allparteilichkeit bedeutet hier, behutsam hinter die Fassade zu schauen und verbalen Angriffen so die Spitze zu nehmen. Wenn beispielsweise Eltern ihre jugendliche Tochter des Egoismus und der Unzuverlässigkeit beschuldigen – und sich dabei sehr abwertend ihr gegen-

6.1 Die Grundhaltung – Allparteilichkeit

über verhalten –, da sie nicht bereit sei, Regeln wie beispielsweise das rechtzeitige Nachhausekommen am Abend einzuhalten, kann das von dem/r Moderator(in) als Wunsch nach familiärer Nähe und der Sorge um das Wohl des eigenen Kindes umformuliert werden. Das Elternverhalten ist sicherlich konfliktverschärfend und nicht zielführend, aber vermutlich das den Eltern in der Situation einzig mögliche, um ihre Sorge zum Ausdruck zu bringen, die Tochter könne auf die schiefe Bahn geraten und sie könnten sie verlieren. Die laut vorgetragene Abwertung nach außen schützt auch vor der Abwertung nach innen, dem Gefühl, eine schlechte Mutter, ein schlechter Vater zu sein. Allparteilichkeit an dieser Stelle im Moderationsprozess bedeutet also auf der einen Seite, Empathie für die Sorge der Eltern zu entwickeln, ihnen rückzuspiegeln, dass diese Sorge gehört und verstanden wurde. Gleichzeitig wird mit der Umformulierung die Tochter vor den Angriffen und der Abwertung durch die Eltern geschützt. Indem sie deren Verhalten als Sorge um sie deuten kann, wird es weniger verletzend. Der/Die Moderator(in) hält sich also gerade nicht im Sinne einer Neutralität heraus sondern verhält sich beiden Seiten gegenüber gleichermaßen anwaltschaftlich bzw. parteilich.

Eine solche Allparteilichkeit stellt sich nicht einfach ein, sie muss gelernt und trainiert werden. Die Basiskompetenz des *Aktiven Zuhörens*, die weiter unten noch beschrieben wird, sollte beherrscht werden. Sie kann erst einmal im Zweierkontakt geübt werden, bevor die Moderatorenrolle übernommen wird.

Es ist wichtig, Allparteilichkeit nicht als Verleugnung eigener Normen und Werte misszuverstehen. Der/Die Moderator(in) braucht nicht jegliche Ansicht und schon gar nicht jegliche Äußerung gutzuheißen, er oder sie muss aber in der Lage sein, dem Bedürfnis jedes Einzelnen nach Akzeptanz und Wertschätzung mit genau dieser zu begegnen. Das bedeutet, nicht, was jemand inhaltlich sagt, soll auf Zustimmung stoßen, sondern sein Wunsch, sich äußern zu dürfen, gehört und verstanden zu werden. Verstehen meint nicht, einer Meinung zu sein, sondern nachzuvollziehen, warum der Andere auf diese Weise denkt und handelt. Dabei wird man als Moderator(in) auch mit Wertvorstellungen konfrontiert, die den eigenen widersprechen. Moderatoren brauchen daher eine gewisse Gelassenheit, Ansichten auszuhalten, die aufgrund der eigenen Erfahrungen und dem eigenen Menschenbild fremd erscheinen. Das Konzept der inneren Pluralität hilft dabei, zwischen Äußerungen und „Innerungen" zu unterscheiden. Indem die Äußerung lediglich als eine von vielen Möglichkeiten verstanden wird, sich im jeweiligen Kontext zu verhalten und bestenfalls als Annäherung an die eigentliche Befindlichkeit, kann sie oftmals als bestmögliche Handlungsmöglichkeit des Betroffenen unter den gegebenen inneren wie äußeren Umständen betrachtet und akzeptiert werden. Selbstverständlich gibt es hierbei persönliche Grenzen, die bei jedem/r Moderator(in), auch aufgrund der eigenen Biografie, anders verlaufen. Vor der Annahme von Moderationsaufträgen steht daher die Selbstklärung, inwieweit man in dem betreffenden Setting zu dem betreffenden Ziel bereit ist, die Moderatorenrolle zu übernehmen. Doch auch im Verlauf eines Moderationsprozesses kann der Punkt erreicht sein, an dem ein Moderator oder eine Moderatorin an eine persönliche Grenze stößt. Es kann sinnvoll sein, diese dann auch zu benennen, um handlungsfähig zu bleiben; Selbstverleugnung lähmt und lässt den/die Moderator(in) alles andere als sichtbar und greifbar erscheinen. Im Extremfall kann das sogar bedeuten, einen Moderationsprozess abbrechen zu müssen. Allerdings sollten Moderator(inn)en selbstkritisch schauen, wie schnell sie innerlich an diesem Punkt sind, an dem ihnen Wertschätzung und Akzeptanz für ihr Gegenüber abhanden kommen. Es gilt, diese Grenze eher auszuweiten und sich eine Haltung offener Neugier zu eigen zu machen. Nur so lässt sich Allparteilichkeit sichern.

6.2 Der Grundgedanke – Prozessverantwortung

Hinter jeder Moderation steht der Grundgedanke der Prozessverantwortung, die der/die Moderator(in) trägt. Prozessverantwortung meint in erster Linie etwas *nicht*: inhaltliche Verantwortung für das Arbeitsergebnis. Prozessverantwortung bedeutet vielmehr, die inhaltliche Verantwortung für das Ergebnis konsequent an die Gruppe zurückzugeben; der/die Moderator(in) mischt sich inhaltlich nicht ein, macht keine inhaltlichen Vorschläge, bewertet die Vorschläge, die die Gruppe erarbeitet, nicht, lenkt das Ergebnis nicht in eine bestimmte Richtung und definiert nicht, wann ein tragfähiges Ergebnis erreicht wurde. Was macht ein/e Moderator(in) dann?

Prozessverantwortung heißt, die Verantwortung für den Ablauf, die Struktur, den roten Faden jedes einzelnen Treffens zu übernehmen. Es bedeutet, den Moderationsprozess so zu gestalten, dass die Gruppe ihre inhaltliche Verantwortung für das Arbeitsergebnis überhaupt wahrnehmen kann. Der/Die Moderator(in) kennt sich aus mit Gruppenprozessen, er verfügt über Wissen zu menschlichem Problemlösen, kann Konflikte unter Gruppenmitgliedern entschärfen und, wenn nötig, klären. Mit diesen Kompetenzen ermöglicht er/sie der Gruppe, all ihre Ressourcen zu nutzen, um zu einem tragfähigen und nachhaltigen Arbeitsergebnis zu gelangen. Eine Garantie gibt es dafür jedoch nicht. Jeder Moderationsprozess läuft unterschiedlich ab und letztendlich muss das Ergebnis aus der Gruppe kommen, die Moderation kann lediglich gute Bedingungen für ein Zustandekommen schaffen.

Eine dieser Bedingungen ist die Unterbrechung eingefahrener Alltagskommunikation mit all ihren expliziten und impliziten Spielregeln und Hierarchien.

6.2 Der Grundgedanke – Prozessverantwortung

Die Moderation sorgt dafür, dass jedes Gruppenmitglied Zeit und Raum hat, zu Wort zu kommen und sich angstfrei in die Lösungsfindung einzubringen. Durch die methodisch-strukturierte Schaffung von Beteiligungsmöglichkeiten wird der Moderationsprozess gesteuert. Insofern hängen Prozessverantwortung und Allparteilichkeit eng zusammen. Welche weiteren Bedingungen für das Erreichen eines erfolgreichen Arbeitsergebnisses gelten und wie sie sich moderativ herstellen lassen, wird im Folgenden ausführlich beschrieben.

Keine inhaltliche Verantwortung zu übernehmen, ist insbesondere für Moderator(inn)en mit fachlicher Nähe zum Geschehen gar nicht so leicht. In der Moderationspraxis wird es sich auch nicht immer vollständig verhindern lassen, dass einem selber Lösungsvorschläge in den Sinn kommen. Es ist auch die Frage, ob es in jedem Fall besser ist, sich auf die Zunge zu beißen und einen Lösungsvorschlag zurück- und damit der Gruppe vorzuenthalten, als ihn als eine Möglichkeit zu benennen, die selbstverständlich verworfen werden kann. Moderator(inn)en sollten ein solches Einbringen aber als absoluten Ausnahmefall betrachten und sorgsam abwägen, ob sie damit eher schaden oder nutzen. Die mit Definitionsmacht versehene Position, die ein(e) Moderator(in) innehat, wenn er/sie vor einer Gruppe steht, darf nicht unterschätzt werden. Inhaltliche Einmischung kann leicht als Signal gedeutet werden, sich zurückzulehnen, sei es aus Bequemlichkeit („prima, mir wird hier die Arbeit abgenommen") oder aus Hierarchieempfinden („er/sie wird es schon wissen" oder „er/sie darf es entscheiden"). Dieses Signal kann sich auf den gesamten weiteren Arbeitsprozess hemmend auswirken. Auf der anderen Seite kann es ja wirklich mal der Fall sein, dass der entscheidende, zielführende Gedanke dem/der Moderator(in) kommt und damit ein verfahrener Prozess wieder in Gang gebracht wird. Es kann auch sein, dass der/die Moderator(in) in seiner/ihrer eigenen Arbeitsfähigkeit behindert ist, solange der Gedanke nicht eingebracht wurde. In beiden Fällen ist es besser, ihn zu äußern, dabei aber in jedem Falle deutlich zu machen, dass es sich lediglich um eine spontane Assoziation handelt, die herzlich gerne verworfen werden dürfe. Moderator(inn)en sollten aufmerksam beobachten, wie hoch ihre Neigung ist, sich inhaltlich einzumischen und sich darin üben, diesen Impuls so lange wie möglich zurückzuhalten.

Prozessverantwortung ist selbstverständlich sehr viel mehr als der Verzicht auf inhaltliche Verantwortung. Sie setzt Erfahrungswissen voraus, wie sich der Arbeitsprozess einer Gruppe entwickeln wird und wie er sich steuern lässt. Dazu braucht es ein Verständnis davon, dass eine Gruppe sich zwar aus einzelnen Individuen zusammensetzt, trotzdem aber auch ein eigenes, in sich geschlossenes Gebilde darstellt. Um es mit einem der Grundsätze der Gestalttherapie zu sagen: Das Ganze ist mehr als die Summe seiner Teile. Und es folgt eigenen Regeln. Fast jede Gruppe macht auf dem Weg zu vollständiger Arbeitsfähigkeit die folgenden Phasen durch:

Abb. 6.1 *Riemann-Thomann-Kreuz* (Thomann und Schulz von Thun 1997, S. 150)

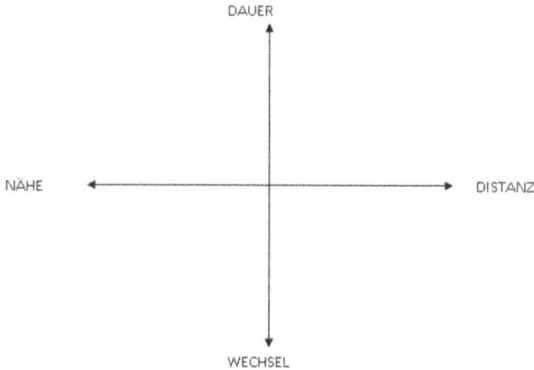

Sie formiert sich (*forming*), sie erlegt sich Regeln auf (*norming*), sie fechtet kleine oder große Kämpfe aus (*storming*), sie arbeitet effektiv und produktiv zusammen (*performing*) (Tuckman 1964). In jeder dieser Phasen braucht sie von Seiten der Moderation eine andere Unterstützung: Unterstützung beim Kennenlernen und beim Miteinander-Vertraut-Werden, Unterstützung bei der Entwicklung gültiger Regeln und Normen, Unterstützung bei der konstruktiven Konfliktklärung. Am wenigsten moderative Unterstützung wird in der *Performing*-Phase benötigt. Die Herausforderung für den/die Moderator(in) besteht darin, zu erkennen, in welcher Phase sich eine Gruppe befindet, denn der Verlauf ist durchaus nicht immer linear. Phasen können mehrfach durchlaufen, übersprungen oder nicht überwunden werden. Dazu kommt, dass zwar die Gruppe mehr ist als ihre einzelnen Mitglieder, jedes einzelne Mitglied aber auch mehr als ein Teil der Gruppe. Jede und jeder bringt noch einmal ganz eigene Bedürfnisse mit in eine Arbeitsgruppe, die unter Umständen sogar dem Gruppenprozess entgegen laufen können. Was den einen dabei unterstützt, besser in die Gruppe hinein zu finden und Sicherheit zu entwickeln, mag die andere gerade hemmen. Das Modell des Riemann-Thomann-Kreuzes visualisiert vier Grundstrebungen des Menschen (Abb. 6.1):

> Dem Grundstreben nach Distanz steht das nach Nähe gegenüber, dem Grundstreben nach ordnenden, dauerhaften Strukturen das nach Wandel und Veränderung (Langmaak 1996, S. 147).

> Alle vier Grundstrebungen treffen für die meisten Menschen zu – allerdings in einem unterschiedlichen Verhältnis. Jeder verfolgt die Tendenzen in unterschiedlichem Maße, unterschiedlicher Intensität und Reihenfolge. (Thomann und Schulz von Thun 1997, S. 150)

6.2 Der Grundgedanke – Prozessverantwortung

Dieses Modell der Unterschiedlichkeit von Menschen erhält seine Relevanz in der Berücksichtigung der verschiedenartigen Teilnehmer-Bedürfnisse. Da davon auszugehen ist, dass sich die Gruppenmitglieder von ihrer Grundtendenz her im Kreuz unterschiedlich verorten, ist es gut, alle Grundstrebungen in der Moderation zu beachten und die Teilnehmer(innen) damit in ihrer (vermuteten) Unterschiedlichkeit abzuholen. Wie das konkret aussehen kann, zeigt das folgende Beispiel der Gestaltung der ersten fünf Sitzungsminuten: Menschen mit „Dauerstrebung" kann ein zu Sitzungsbeginn präsentierter Ablaufplan, der die ganze Veranstaltung über sichtbar bleibt und auch eingehalten wird, die nötige Sicherheit vermitteln, die es ihnen erlaubt, sich zu entspannen und im Verlauf des Treffens aktiv einzubringen. Für Menschen mit „Wechselstrebung" kann es hingegen wichtig sein, dass dieser Ablaufplan allenfalls recht grobe Kategorien enthält, die im Prozess noch Freiraum zur Ausgestaltung lassen. Für die „Distanzler" sollte zu Beginn erst einmal ein sachlicher Input in Form eines Minivortrags gegeben werden; er kann beispielsweise Grundsätzliches über Moderation, wie deren Ziele oder auch die Rollenklärung, beinhalten. Für die Nähebedürftigen hingegen darf eine kurze Anfangsrunde, die die Nennung von Befindlichkeiten erlaubt, nicht fehlen. Das *Riemann-Thomann-Kreuz* stellt selbstverständlich nur eines von vielen möglichen Modellen dar, die Moderator(inn)en dabei unterstützen können, die Gruppenmitglieder in ihrer Unterschiedlichkeit wahrzunehmen, ohne sich davon erschlagen zu lassen.

Prozessverantwortung zu übernehmen, bedeutet also, einen guten Blick für den Gruppenprozess zu entwickeln, für die Bedürfnisse jedes Einzelnen und für die Interaktion zwischen diesen beiden Elementen. Das ist keine leichte Aufgabe und die Herausforderung wird sicherlich nicht kleiner, wenn das Modell der inneren Pluralität einbezogen wird, das davon ausgeht, dass jedes Gruppenmitglied ein – mehr oder weniger zerstrittenes – *Inneres Team* (Schulz von Thun 1998) in das äußere mit einbringt. Um die Metapher weiterzuspinnen, befindet sich natürlich auch ein *Inneres Team* in einem Gruppenprozess, der beschreibt, inwieweit das Individuum in der Lage ist, integriert nach außen aufzutreten und zu handeln (*performing*) oder sich in inneren Ambivalenzen verstrickt (*storming*). Und jedes einzelne innere Teammitglied hat ebenfalls seine ureigensten Bedürfnisse, was erklärt, warum ein Mensch sich nicht unbedingt eindeutig in Modellen wie dem *Riemann-Thomann-Kreuz* verorten lassen muss, sondern durchaus gleichermaßen Abgrenzungs- wie auch Nähebedürfnisse haben kann.

All dieses gleichermaßen im Auge behalten und bestenfalls noch steuern zu sollen, käme sicherlich einer Überforderung gleich, gäbe es da nicht den Ansatz der *Themenzentrierten Interaktion*, der Moderator(inn)en als Wegweiser und Anker dienen kann, um genau diese strukturierte Achtsamkeit zu entwickeln.

Abb. 6.2 TZI-Dreieck, Langmaack (1996, S. 16)

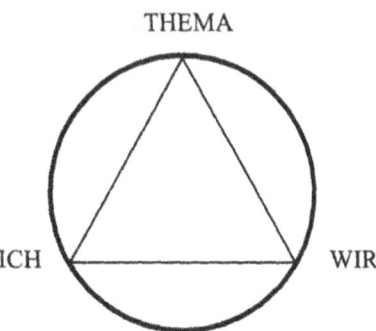

6.3 Die *Themenzentrierte Interaktion (TZI)* als Garant für Allparteilichkeit und Prozessverantwortung

Die 1975 von Ruth Cohn (2009) entwickelte *Themenzentrierte Interaktion (TZI)* ist, wenn auch nicht in erster Linie dafür entwickelt, ein bewährter Ansatz zur Wahrung von Allparteilichkeit und Prozessverantwortung in der Moderation – sie ist mentale Haltung, innerer Kompass und handfestes Werkzeug in einem. Die *TZI* geht von drei Polen aus, die in jedem themenzentrierten Gruppenprozess in der Balance gehalten werden müssen: Das *Ich* jedes einzelnen Gruppenmitgliedes, das *Wir* der Gruppe und das *Thema*, zu dem diese sich zusammengefunden hat (Abb. 6.2).

Nun kann dieses Gleichgewicht nicht von dem/r Moderator(in) allein hergestellt werden, vielmehr ist jede/r Beteiligte aufgefordert, dazu beizutragen, weshalb die beiden Grundsätze – im Rahmen der *TZI Postulate* genannt – gelten: *Störungen haben Vorrang!* und *Sei dein eigener Chairman!*

Störungen haben Vorrang bedeutet nun nicht, dass alles jederzeit den Gruppenprozess unterbrechen und infragestellen darf. Der Grundsatz spricht vielmehr die Wahrheit aus, dass sich Störungen ab einer gewissen Intensität ohnehin das Recht nehmen, virulent zu werden – ob wir es wollen oder nicht. Konflikte innerhalb einer Gruppe, aber auch Hitze, Müdigkeit und Hungergefühle, mindern die Arbeitsfähigkeit einzelner oder einer ganzen Gruppe. *TZI* hingegen möchte zu jedem Zeitpunkt die Arbeitsfähigkeit der Gruppe gesichert wissen, um tragfähige Ergebnisse zu ermöglichen. Da davon ausgegangen werden kann, dass die einzelnen Gruppenmitglieder begründet mit in der Runde sitzen, werden alle zur Lösungssuche, zur Entscheidungsfindung und zur Umsetzung des Vorhabens in den Familien- oder Arbeitsalltag gebraucht. Die Gruppe kann es sich nicht leisten, dass

Einzelne innerlich aussteigen, weil sie sich nicht gesehen oder schlecht behandelt fühlen oder schlicht nicht mehr aufnahmefähig sind. *Störungen haben Vorrang* bedeutet deshalb wahrzunehmen, wann jemand möglicherweise nicht mehr arbeitsfähig ist bzw. droht, innerlich aus dem Prozess auszusteigen. Aufmerksame Moderator(inn)en können das in der Regel wahrnehmen und entsprechend reagieren.

Die Gruppenmitglieder sind jedoch auch in der Pflicht mitzuteilen, wann und wodurch sie sich in der Gruppe unwohl fühlen und nicht mehr konzentriert mitarbeiten können oder wollen. Dies bringt der Grundsatz *Sei dein eigener Chairman* zum Ausdruck. Er gibt die Verantwortung, Störungen anzumelden, an die Gruppenmitglieder zurück und sollte vorab klar kommuniziert werden.

Das Dreieck in der Balance zu halten, heißt für den/die Moderator(in), jedes einzelne Gruppenmitglied ebenso wie die Interaktion der Gruppenmitglieder untereinander und das Thema im Blick zu haben. Es bedeutet, die Gruppe – solange die Arbeitsfähigkeit aller Beteiligten vorhanden ist – immer wieder zum Thema zurückzuführen, es zu strukturieren und diese Struktur transparent zu machen: *Was ist noch mal das Ziel dieses Treffens? Wo wollen wir mit dem Thema hin? Was soll am Schluss dabei herauskommen?*

Die Orientierung an dem *TZI*-Dreieck sollte nicht in erster Linie als weitere Anforderung, die es zu erfüllen gilt, verstanden werden. Ihr entlastender Charakter besteht in ihrer Funktion als Kompass, der Orientierung gibt, worauf zu achten im Moderationsprozess wirklich wichtig ist. Schon der Name „themenzentrierte" Interaktion macht es deutlich: Es soll sich am Thema orientiert werden! Es bleibt – anders als beispielsweise in Selbsthilfegruppen – „zentraler Mittelpunkt allen gemeinsamen Tuns" (Langmaak 1996, S. 16). Das Thema, zu dem sich eine Gruppe zusammengefunden hat, um ein Arbeitsbündnis auf Zeit einzugehen, ist gleichzusetzen mit dem Moderationsziel, z. B. einen Handlungsplan zu entwickeln. Der Gruppenprozess und die Befindlichkeiten der Einzelnen sind nur insoweit von Relevanz, wie sie das Moderationsziel hemmen oder fördern. Schlicht gesagt, geht es ausschließlich darum, die Arbeitsfähigkeit der Gruppe zu sichern. Das heißt, solange die Gruppenmitglieder bereit sind, sich aktiv gestaltend in den Prozess einzubringen und an seinem Ergebnis konstruktiv mitzuwirken, muss sich die Moderation nicht mit allem, was noch unter der Oberfläche schlummern mag, beschäftigen. Der/Die Moderator(in) hat nicht die Verantwortung dafür, dass sich jeder Einzelne jederzeit optimal wohl fühlt; das wäre auch gar nicht zu leisten. Moderator(inn)en sollten aber darum wissen, dass die Beteiligung aller Voraussetzung für ein tragfähiges Ergebnis ist und die Beteiligung in Gefahr ist, wenn die „Störungen", seien sie innerlicher oder äußerer Art, überhand nehmen. Das bedeutet, Moderator(inn)en sollten um die 7/8 des Eisberges wissen (Status, Tabus, Antipathie, Ängste und Wünsche, Konflikte, Bedürfnisse), die nicht sichtbar unter der Wasseroberfläche darauf lauern, auf Kollisionskurs zu gehen (Abb. 6.3).

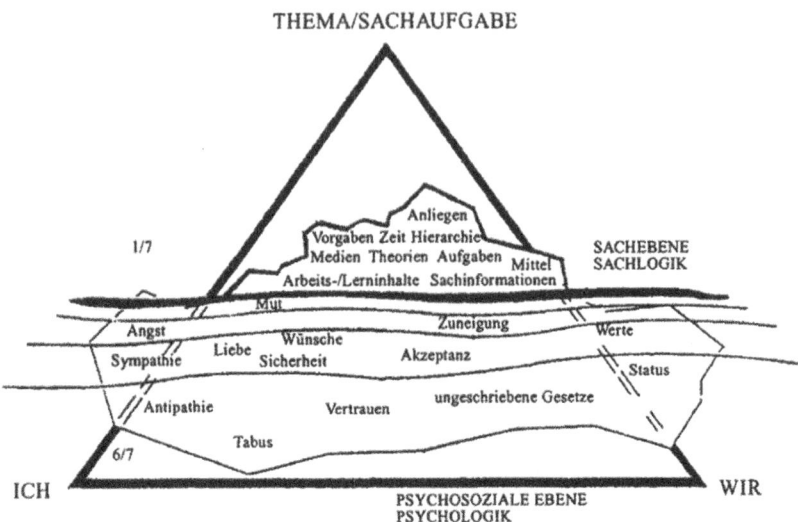

Abb. 6.3 Dreieck und Eisberg (Langmaack 1996, S. 23)

Dabei sollte sie/er nicht das eigene „Ich" vergessen, denn auch hier gilt: *Störungen haben Vorrang!* Wichtig ist, sich selber in der Rolle der Moderation gute Arbeitsbedingungen zu schaffen, jede/r sollte für sich selber herausfinden, wie viel Struktur bzw. kreatives Chaos er/sie braucht, welche Gruppengröße noch händelbar ist, ob eine Co-Moderation hilfreich bzw. sogar notwendig ist. Ruth Cohn (2009) spricht in der Rolle der Gruppenleitung/Moderation von „selektiver Authentizität": „Nicht alles, was echt ist, will ich sagen, doch was ich sage, soll echt sein..." (Schulz von Thun 1996) Dieser Satz kann Moderator(inn)en dabei helfen, ihre Rolle in der Arbeit mit Gruppen zu finden und auszufüllen. Ein weiterer nützlicher Satz kommt von Hermann Hesse (2000) und soll an dieser Stelle ein wenig Entlastung bringen ob der mannigfaltigen Anforderungen an Moderator(inn)en: „Meine Aufgabe ist es nicht, anderen das objektiv Beste zu geben, sondern das Meine so rein und aufrichtig wie möglich" (S. 172).

Die Orientierung an der *Themenzentrierten Interaktion* ist auch deshalb entlastend, weil die Verantwortung für den Gruppenprozess systematisch an die Gruppenmitglieder zurückgegeben wird. Es wird nicht davon ausgegangen, dass ein Einzelner, und sei er der Gruppenleiter oder der Moderator, verantwortlich gemacht werden kann für einen gemeinsamen Prozess. Moderator(inn)en können mit ihrer Art der Strukturgebung und mit ihrer Präsenz, und damit auch als Rollenvorbild für ein respektvolles Miteinander, einen wichtigen Beitrag dazu leisten, die Rahmenbedingungen für effektives Arbeiten zu schaffen, garantieren können sie es jedoch nicht. Die Gruppe – und in ihr jedes einzelne Mitglied – muss sich dafür entscheiden, das Treffen zu einem Erfolg werden zu lassen. *TZI* hilft Moderator(inn)en, mit diesem Wissen einen transparenten Umgang zu pflegen. Indem beispielsweise kurz zu Beginn der Moderation darauf verwiesen wird, dass alle für ein Gelingen des Prozesses und jeder in erster Linie für sich selber verantwortlich ist, indem verabredet wird, dass sich der- oder diejenige melden solle, dessen Bedürfnisse nicht erfüllt sind, schafft der/die Moderator(in) nicht nur auf inhaltlicher, sondern auch auf Prozessebene ein Beteiligungsverfahren und entlastet sich selbst.

6.4 Das Handwerkszeug – die Moderationsmethoden

Über die Methoden der Moderation sind bereits ganze Bücher geschrieben worden, an dieser Stelle soll daher lediglich auf einige zentrale Punkte näher eingegangen werden.

6.4.1 Visualisierung und Dokumentation

Visualisierung und Dokumentation sind unabdingbare Bestandteile moderierter Arbeitsprozesse. Die Visualisierung macht der Gruppe den Prozess, in dem sie sich befindet, transparent, die Dokumentation erhöht die Verbindlichkeit, die getroffenen Vereinbarungen auch einzuhalten. Visualisiert werden kann auf Wandzeitungen und Moderationswänden oder auch auf Flipcharts. Als hilfreich bei der Visualisierung hat sich die Befolgung von drei Regeln erwiesen, die die Lesbarkeit des Geschriebenen stark erhöhen, und zwar

- die Verwendung kurzer Ober- und Unterlängen,
- das Schreiben dicker Bäuche und
- die Wahl sehr kleiner Abstände zwischen den Buchstaben eines Wortes.

Schreibschrift oder die ausschließliche Verwendung von Großbuchstaben wirken sich negativ auf die Lesbarkeit aus. Mit ein wenig Übung ist es leicht möglich, sich diese Art zu schreiben anzueignen. Zur Veranschaulichung folgt ein Beispiel, das den Unterschied leicht nachvollziehen lässt (Abb. 6.4).

Das Wort „Moderation" wurde auf fünf verschiedene Weisen, aber immer mit demselben Flipchartstift, geschrieben. Eindeutig am besten lesbar, insbesondere aus einiger Entfernung, dabei aber verhältnismäßig platzsparend, ist die mittlere

Abb. 6.4 Moderationsschrift

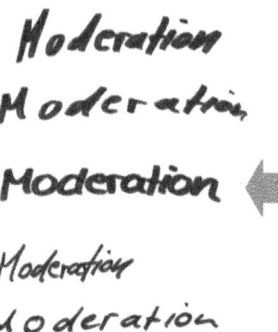

Version. Woran liegt das? Werden Buchstaben dicht aneinander geschrieben, so dass sich ihre Außenlinien berühren, muss das Auge nicht über die Lücken springen. Es kann zudem leicht zwischen Buchstaben, die zu einem Wort gehören und Buchstaben, die den Anfang eines neuen Wortes markieren – hier ist eine deutliche Lücke – unterscheiden. Die kurzen Ober- und Unterlängen lassen das Auge nicht abschweifen. Sie verbrauchen zudem vertikal weniger Platz, so dass relativ viel Inhalt auf einer Moderationskarte oder einem Flipchartbogen Platz findet. Die Schriftgröße muss natürlich der Gruppengröße angepasst werden und ab einer gewissen Gruppengröße (Daumenregel: > 30) sind andere Medien wie der Beamer klar im Vorteil.

Nicht vergessen werden sollte die Dokumentation einer Moderationssitzung in Form eines Protokolls. Dabei sollte sich vorab auf eine(n) Protokollantin/en verständigt werden – die Rolle muss nicht automatisch von dem/r Moderator(in) übernommen werden – und auf die Art des Protokolls. Zumeist reicht ein Ergebnisprotokoll aus, das die getroffenen Vereinbarungen festhält. Manchmal kann aber auch ein Prozessprotokoll wichtig sein. Es ist ausführlicher als das Ergebnisprotokoll und enthält neben den getroffenen Vereinbarungen auch die zentralen Diskussionspunkte sowie die unterschiedlichen Ansichten von den beteiligten Personen zu diesen. Das Prozessprotokoll gibt somit Aufschluss darüber, wie die Ergebnisse zustande gekommen sind bzw. warum möglicherweise keine Einigung erzielt wurde.

6.4.2 Was ist das Moderationsziel? – Den Prozess strukturieren

Wichtig in jeder Moderation ist es, sich als Moderator(in) im Vorfeld die Frage zu stellen: Wo will ich den Prozess hinführen? Es ist schließlich ein Unterschied, ob am Ende ein Aktionsplan entstanden sein soll, in den sich jede(r) verbindlich einbringt, ob ein Gruppenkonflikt geklärt und Vereinbarungen eines gütlichen Miteinanders in der Zukunft getroffen werden sollen, ob erst einmal lediglich Ideen gesammelt und dabei möglichst viel kreative Energien freigesetzt werden sollen. Ausgehend von dem jeweiligen Moderationsziel plant der/die Moderator(in) den Ablauf des Treffens: Welche Schritte sind notwendig, um der Gruppe zu ermöglichen, letztlich zu einem tragfähigen Ergebnis zu kommen?

Die Möglichkeiten sind dabei vielfältig: Klassische Moderationsmethoden sind Befindlichkeitsrunden zum Beginn und zum Abschluss eines Treffens, das Brainstorming auf Zuruf, das von dem/der Moderator(in) visualisiert wird, die Kartenabfrage, die anschließend auf der Moderationswand geclustert wird, oder aber die Kleingruppenarbeit zur Erarbeitung von Lösungsvorschlägen und ähnlichem. Wichtig ist, der Gruppe den Moderationsablauf mit seinen Prozesszielen transparent zu machen und als Moderator(in) die Zeit im Auge zu behalten, damit die Chance besteht, auch alle Phasen wie geplant zu durchlaufen. Oftmals wird der Moderationsprozess dabei entgegen der Erwartungen der Gruppe nicht direkt auf die Lösungsfindung zusteuern, sondern bewusst Methoden einbauen, die dem Wissen um menschliche Problemlöseprozesse entspringen. In der Methode der Zukunftswerkstatt ist das zum Beispiel der gezielte Einsatz von Kreativtechniken, um die Visionen lebendig werden zu lassen, in der Konfliktmoderation die Exploration der Sichtweisen der Konfliktbeteiligten. In der *Ressourcenorientierten Netzwerkmoderation* wird viel Zeit darauf verwendet, die Ressourcen aller Beteiligten zu identifizieren, um sie zur Zielerreichung zu nutzen. In all diesen Fällen ist es Aufgabe des/der Moderators/in, für einen Lösungsaufschub zu werben. Ruth Cohn sagt dazu: „Wir haben nur sehr wenig Zeit, darum müssen wir sehr langsam vorgehen" (Reiser 2009, S. 46). Umso wichtiger ist aber – neben einem transparenten Vorgehen – die in ihrer Geduld bereits strapazierte Gruppe nicht in Frustration zu stürzen, indem die angekündigte Phase der Lösungsfindung bzw. Vereinbarung aus Zeitmangel am Ende entfällt.

6.4.3 Zeitmanagement

Einer der größten Fallstricke für noch ungeübte Moderator(inn)en ist das Zeitmanagement der Moderationssitzungen. Eine Sitzung kann vorab noch so akribisch in ihrem zeitlichen Ablauf geplant worden sein, fast immer scheint die Zeit während der Moderation regelrecht davon zu rennen. Die Zeit, die die Gruppe für ihre Prozesse braucht, ist besonders am Anfang schwer einzuschätzen. Sie ist abhängig von verschiedenen Gruppenfaktoren, wie beispielsweise der Gruppengröße oder der Arbeitsfähigkeit einer Gruppe, aber auch von dem Vertiefungsgrad des zu bearbeitenden Themas. Insofern ist sie durchaus von außen steuerbar, denn wie sehr und auf welche Weise ein Thema vertieft wird, lenkt der/die Moderator(in) mithilfe unterschiedlicher Bearbeitungsmethoden (Brainstorming, Kartenabfrage etc.). Mit der Zeit entwickeln Moderator(inn)en ein Gefühl dafür, welche Methode mit welcher Gruppe welche Zeit in Anspruch nimmt. Sie lernen, trotz aufkommender Fragen und ungeplanter Prozesse die Zeit im Auge zu behalten und das Zeitmanagement über die Bearbeitungstiefe des Themas und das mehr oder weniger starke Einlassen auf „Störungen" zu regulieren. Gelungenes Zeitmanagement basiert also vor allem auf Moderationserfahrung und lässt sich schlecht aus Büchern lernen. Selbst bei erfahrenen Moderator(inn)en überwiegt in der Planung von Sitzungen die Sorge, nicht genügend „Programm" zu haben, um die Zeit zu füllen, während die Erfahrung immer wieder zeigt, dass eher das Gegenteil der Fall ist.

Einen Tipp möchte ich dennoch geben, da er mir selber geholfen hat und noch immer hilft, Sitzungen zeitlich gut zu strukturieren und den Fehler zu vermeiden, dass angekündigte Phasen, insbesondere die von allen erwartete Lösungsfindung, am Ende aus Zeitmangel entfallen. Ich hatte bereits weiter oben geschrieben, dass ein zu Sitzungsbeginn präsentierter Ablaufplan nicht zu detailliert ausgestaltet sein sollte, um sowohl Menschen mit „Dauerstrebung" als auch Menschen mit „Wechselstrebung" gerecht zu werden. Ein Ablaufplan mit eher groben Kategorien bietet aber auch dem/der Moderator(in) den Vorteil, sich nicht auf jeden Zwischenschritt festnageln zu lassen und damit die nötige Flexibilität, um im Laufe der Sitzung einzelne Schritte entfallen zu lassen oder Methoden so zu modifizieren, dass sie weniger Zeit kosten. Das heißt, ich schreibe immer zwei Ablaufpläne: Einen groben als Kompass für die Gruppe und einen detaillierten für mich. Dieser enthält zeitsparende Modifikationsmöglichkeiten (z. B. die Kartenabfrage als Brainstorming durchzuführen) und eine Einschätzung, welche Schritte noch am ehesten entfallen dürfen, ohne die Tragfähigkeit des Ergebnisses zu gefährden.

Besonders am Anfang bietet es sich an, für sich selbst jeden einzelnen methodischen Schritt im Moderationsablauf – und nicht lediglich die groben Phasen – mit Minutenangaben zu versehen und ein Drittel der Moderationszeit konsequent nicht zu verplanen, sondern für aufkommende Fragen, Diskussionen, Konflikte und Gruppenprozesse freizuhalten. Gegen die Sorge, eine halbe Stunde vor dem offiziellen Ende der Sitzung mit leeren Händen dazustehen, hilft ein Backup-Plan, der methodische Einschübe enthält, falls die Gruppe den Arbeitsprozess zügiger als erwartet durchläuft – wobei es in den meisten Fällen undramatisch ist, die Sitzung früher als verabredet zu schließen, wenn ein zufriedenstellendes Ergebnis erarbeitet wurde.

Der Ablaufplan, der der Gruppe präsentiert wird, ist verbindlich; ein Abweichen muss mit ihr diskutiert werden. Es kann nicht nur dann notwendig werden, wenn

6.4 Das Handwerkszeug – die Moderationsmethoden

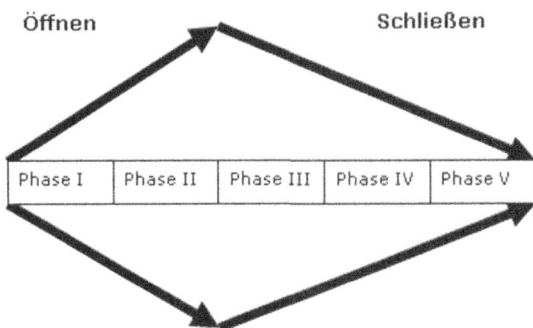

Abb. 6.5 Öffnen und Schließen in der *Ressourcenorientierten Netzwerkmoderation*

sich Moderator(inn)en in ihrem Zeitmanagement stark verschätzt haben, sondern auch im Falle von Diskussionsbedarf innerhalb der Gruppe. In dem Fall macht der/die Moderator(in) der Gruppe transparent, was eine intensivere Beschäftigung mit dem Thema bedeuten würde – beispielsweise das Verschieben der Lösungsfindung auf die nächste Sitzung. Er oder sie moderiert den Entscheidungsprozess, gibt aber die Verantwortung für die Entscheidung an die Gruppe ab.

6.4.4 Öffnen und Schließen

Von Alexander Redlich kommt der Grundgedanke, dass jeder Moderationsprozess, sowie auch jede einzelne Moderationsphase, ein Öffnen und ein Schließen braucht (Redlich 2009, S. 117 ff.). Auch wenn er sich dabei in erster Linie auf die von ihm entwickelte Konfliktmoderation in Gruppen bezieht, lässt sich das Bild m. E. auch für andere Moderationsprozesse übernehmen. Aufgabe und gleichermaßen Herausforderung ist es, die Balance zu wahren: Lange genug zu öffnen, aber auch das Schließen nicht zu vergessen.

Welche Richtung überwiegt, hängt von der Art der Moderation, aber auch innerhalb dieser von der jeweiligen Phase ab. In der *Ressourcenorientierten Netzwerkmoderation* gestalten die Phasen I (Einführung) und II (Ressourcensammlung) den Prozess des Öffnens, Phase III (Handlungsplan), IV (Risikocheck) und V (Abschluss) den Prozess des Schließens (Abb. 6.5).

Die Balance zwischen Öffnen und Schließen ist aber auch in jeder einzelnen Phase wichtig. In Phase I wird mit der Begrüßung und der Anfangsrunde geöffnet, mit der Vorstellung des Ablaufs und der Klärung der Moderatorenrolle geschlossen. In Phase II dient die Vorstellung der klienteneigenen Ressourcen dem Öffnen, die Ergänzung durch die Netzwerkmitglieder und die Erhebung der Netzwerkressourcen dem Schließen. Phase III beinhaltet die Zuordnung der gesammelten Ressourcen zu Unterzielen (Öffnen) und das Treffen konkreter Vereinbarungen (Schließen). In Phase IV wird mit der Identifizierung der Hindernisse geöffnet, mit der Aufstellung eines Krisenplanes geschlossen. Einzig in Phase V erfolgt keine neue Öffnung, alle Schritte dienen dem Schließen: Würdigung des Geleisteten, konkrete Verabredungen bezüglich weiterer Treffen und Abschlussrunde. Das Modell von Alexander Redlich hilft Moderator(inn)en, den Moderationsprozess zu strukturieren und erleichtert somit auch das Zeitmanagement, indem Fragen und Diskussionen, die immer ein weiteres Öffnen bedeuten, in jeder Phase des Prozesses nur bis zu einem gewissen Punkt zugelassen werden.

6.4.5 Strukturierungsmethoden

Im Folgenden werden einige einfache Strukturierungsmethoden vorgestellt, die im Rahmen von Moderationsprozessen zum Einsatz kommen können.

6.4.5.1 Befindlichkeitsrunden

Befindlichkeitsrunden können als Anfangsrunde zu Beginn, bei Bedarf mitten im Prozess und als „Blitzlicht" zum Abschluss eines Moderationsprozesses eingesetzt werden. Ziel und Zweck von Anfangsrunden ist, dass jedes Gruppenmitglied zumindest kurz zu Wort kommt, die Gruppe sich kennenlernt und der/die Moderator(in) darüber hinaus einen Eindruck von der Gruppenzusammensetzung sowie der Arbeitsfähigkeit jedes Einzelnen erhält.

Neben Informationen zu der eigenen Person (Name, Funktion etc.) bietet es sich in Anfangsrunden darum an, bereits an den gemeinsamen Prozess anzuknüpfen, beispielsweise mit der Frage nach Vorerfahrungen mit Moderationen. Die Anfangsrunde kann durch den Einsatz von Postkarten um ein kreatives Element ergänzt werden. Dazu werden Postkarten mit unterschiedlichen Motiven auf dem Tisch oder Boden ausgelegt. Die Teilnehmer(innen) werden gebeten, sich in Ruhe alle Postkarten anzuschauen, um dann eine Karte auszuwählen, die eine Assoziation zu dem zu bearbeitenden Thema weckt. In der Runde wird dann nicht nur die eigene Person, sondern auch die Karte und die damit verbundene Assoziation vorgestellt. Die Länge der Anfangsrunde richtet sich nach der Gruppengröße und der bzw. den Eingangsfrage(n). Wenn ich mit Sozialpädagog(inn)en aus unterschiedlichen sozialen Einrichtungen zur ressourcenorientierten Grundhaltung arbeite, frage ich zum Beispiel zu Beginn: *Wie heißen Sie? Aus welcher Einrichtung kommen Sie und welche Funktion üben Sie dort aus? Welche Vorerfahrungen zum Thema „Ressourcenorientierung" bringen Sie mit? Welche thematische Assoziation haben Sie zu dem gewählten Postkartenmotiv?* Da es sich um mehrere Fragen handelt, sollten sie auf Flipchart visualisiert werden. Bei 15 Teilnehmer(inne)n muss ich dafür 30 min einplanen.

Geht es dem/r Moderator(in) in erster Linie darum, Informationen über die Arbeitsfähigkeit der Gruppenmitglieder zu erhalten, bietet sich in der Anfangsrunde die Eingangsfrage *Was ging Ihnen auf dem Weg hierhin durch den Kopf?* an. Sie wird auch in der ersten Phase der *Ressourcenorientierten Netzwerkmoderation* verwendet, da sie den Teilnehmer(inne)n ermöglicht, Hoffnungen, Befürchtungen, Bedingungen, Klarstellungen o. ä. zu äußern. Die/Der Moderator(in) bekommt so einen ersten Eindruck von der Mitwirkungsbereitschaft der Einzelnen bzw. von dem, was ihr (noch) entgegensteht. Befindlichkeitsrunden können auch im Prozess durchgeführt werden, wenn unklar ist, inwieweit alle Gruppenmitglieder weiterhin „mit im Boot" sind: *Wie geht es Ihnen jetzt gerade? Sind Sie noch arbeitsfähig?* Sie geben dann wertvolle Hinweise auf die Stimmung in der Gruppe und, durch die Beteiligung aller, auf die Arbeitsfähigkeit Einzelner. Befindlichkeitsrunden können ähnlich dem Stimmungsbild (Einpunktabfrage) als Entscheidungsgrundlage genutzt werden, wie im Prozess fortgefahren werden soll. Im Gegensatz zu diesem sind sie nicht anonym, was Vor- und Nachteile haben kann.

Das Blitzlicht zum Abschluss einer Moderationssitzung stellt gleichzeitig ein (wenn auch undifferenziertes) Feedback an den/die Moderator(in) dar. Typische Blitzlichtfragen sind: *Wie gehen Sie hier heute raus?* oder *Was nehmen Sie heute für sich mit?* Es gilt: Die Beiträge der Gruppenmitglieder sollen so lang wie nötig, aber so kurz wie möglich sein. Diese Regel wird vorab benannt, wodurch ein Blitzlicht selten länger als 10 min in Anspruch nimmt. Dadurch, dass die Frage so offen gestellt wird, sind auch Äußerungen, wie „gut" oder „müde" als Antwort auf die erste Frage erlaubt und nicht selten. Sie genügen in der Regel als Abschätzung, ob der Prozess an dieser Stelle gefahrlos abgeschlossen oder zumindest unterbrochen werden kann und auch als Prognose der weiteren Mitwirkungsbereitschaft bei Folgetreffen, bieten aber einen geringen Erkenntnisgewinn für den/die Moderator(in), was er oder sie beim nächsten Mal beibehalten oder verändern sollte. Wünschen sich Moderator(inn)en für ihren eigenen Lernprozess ein Feedback, sollten sie explizit danach fragen und zumindest 15–30 min (je nach Gruppengröße) dafür einplanen (Tab. 6.1).

6.4.5.2 Brainstorming

Das Brainstorming soll einen ungefilterten „Gedankensturm" entfachen nach der zugrundeliegenden Annahme, dass Quantität Qualität erzeugt. Auf Zuruf nennt

Tab. 6.1 Varianten der Befindlichkeitsrunde

Variante	Befindlichkeitsrunde	Dauer
1	Anfangsrunde	5–30 min.
2	Befindlichkeitsrunde im Prozess	5–10 min.
3	Blitzlicht zum Abschluss	5–10 min.

Tab. 6.2 Varianten des Brainstormings

Variante	Brainstorming	Dauer
1	Brainstorming: Wie ließe sich die Situation verbessern?	5–15 min.
2	Kopfstandbrainstorming: Wie ließe sich die Situation noch verschlimmern?	5–15 min.

die Gruppe dem/der Moderator(in) dabei alle Ideen und Lösungsvorschläge, die ihr einfallen. Ideen anderer dürfen nicht kritisiert oder bewertet, wohl aber weitergesponnen werden. Der/Die Moderator(in) schreibt alle Nennungen auf dem Flipchart mit. Eine Abwandlung dieser Methode ist das „Kopfstandbrainstorming" (vgl. Tietze 2003, S. 122 ff.). Es kommt zum Einsatz, wenn ein Gefühl der Ausweglosigkeit und Unlösbarkeit von Problemen überwiegt. Der Gruppe wird die Frage gestellt: *Wie ließe sich die aktuelle Situation noch verschlimmern?* Hintergrund dieser Formulierung ist die Erfahrung, dass, wenn Menschen nichts mehr dazu einfällt, wie sie ihre Lage verbessern und damit ihr Problem lösen und ihrem Ziel näher kommen können, ihnen immer noch etwas dazu einfällt, was sie tun könnten, um die Lage weiter zu verschlechtern. Hierin zeigt sich aber eine grundsätzliche Handlungskompetenz, auf die Umwelt gestaltend Einfluss nehmen zu können. Diese Handlungskompetenz, die über das „Kopfstandbrainstorming" bewusst gemacht wird, kann anschließend auf konstruktive Lösungswege übertragen werden, denn wenn sich die Situation in die eine Richtung beeinflussen lässt, dann auch in die andere (Tab. 6.2).

6.4.5.3 Kleingruppenarbeit

Das Wichtigste bei der Kleingruppenarbeit ist ein klarer Arbeitsauftrag, der den Gruppen am besten schriftlich mit in die Arbeitsphase gegeben wird bzw. bereits in den Räumen, die für die Kleingruppenarbeit vorgesehen sind, visualisiert ist. Die Dauer der Kleingruppenarbeit hängt von der Aufgabenstellung ab; selbst bis zu zweistündige Kleingruppenphasen sind möglich und, eingebettet in ein- oder sogar mehrtägige Moderationen, wie sie beispielsweise zur Begleitung von Zukunftswerkstätten stattfinden, durchaus üblich. Innerhalb einer lediglich wenige Stunden umfassenden Moderationssitzung dauert die Kleingruppenphase in der Regel

6.4 Das Handwerkszeug – die Moderationsmethoden

15–45 min. Ein Nachteil der Kleingruppenarbeit ist, dass sie zusätzliche Räume braucht, damit die Gruppen ungestört arbeiten können. Die intensive, ungestörte Arbeitsatmosphäre im geschützten Rahmen, die auch den stilleren Gruppenmitgliedern erlaubt, sich in den Arbeitsprozess einzubringen, ist auf der anderen Seite ihr größter Vorteil. Die Kleingruppenergebnisse, die anschließend im Plenum präsentiert werden, erreichen häufig eine für die Kürze der Zeit erstaunliche Bearbeitungstiefe.

Sinnvollerweise enthält der Arbeitsauftrag bereits die Vorbereitung der Ergebnispräsentation, indem die Gruppen gebeten werden, ihre wichtigsten Diskussionspunkte, Lösungsvorschläge o. ä. auf ein Flipchartpapier oder auf Moderationskarten zu schreiben, die dann ins Plenum mitgebracht werden. Für die Ergebnispräsentation sollte in etwa noch einmal die gleiche Zeit eingeplant werden wie für die Arbeitsphase. Sie kann allerdings dadurch verkürzt werden, dass der/die Moderator(in) sie strukturell (jede Gruppe nennt ihre drei wichtigsten Punkte) oder zeitlich (jede Gruppe hat zwei Minuten) begrenzt.

Wird der Weg gewählt, dass die Gruppen unterschiedliche Aufträge erhalten, kann sogar Zeit im Prozess gegenüber einer gemeinsamen Bearbeitung aller Themen im Plenum eingespart werden. Außerdem erspart man damit der Gesamtgruppe die ab einem gewissen Punkt ermüdende Vorstellung immer ähnlicher Ergebnisse vieler Kleingruppen im Plenum. Dabei ist jedoch zu bedenken, dass nun nicht mehr jedes Gruppenmitglied an jeder thematischen Bearbeitung beteiligt ist, womit der partizipative und aktivierende Charakter der Methodik abnimmt. Eine solche Aufteilung macht daher aus meiner Sicht eher später im Prozess Sinn, wenn sich die Gruppe bereits in der *Performing*-Phase befindet.

Eine Abwandlung der Kleingruppenarbeit ist die Paararbeit. Sie eignet sich besonders für sehr kleine Gruppen (4–8 Teilnehmer) und für einen vertraulichen Austausch, der auch auf einem Spaziergang stattfinden kann. Sollen vorrangig Erfahrungen ausgetauscht werden, ist weder eine Ergebnisvisualisierung noch eine Ergebnispräsentation notwendig. Stattdessen erkundigt sich der/die Moderator(in) nach Fragen oder Erkenntnissen, die aus den Paargesprächen ins Plenum getragen werden wollen und plant dafür 10–15 min Zeit ein.

Eine weitere Variante der Paararbeit ist der kurze Austausch mit dem/r Sitznachbar(i)n direkt am Platz („Murmelphase"). Das hat neben der Zeitersparnis den weiteren Vorteil, dass keine zusätzlichen Räume benötigt werden. Die thematische Arbeit kann aber in diesem Setting selbstverständlich nicht so stark vertieft werden. Sie bleibt zwangsläufig an der Oberfläche, allein schon, weil der Geräuschpegel einer konzentrierten Arbeitsatmosphäre nicht förderlich ist. Die Murmelphase hat durch das Stimmengewirr und dadurch, dass alle Teilnehmer(innen) sofort unmittelbar beteiligt sind, einen gruppenaktivierenden Charakter, der beispielsweise

Tab. 6.3 Varianten der Kleingruppenarbeit

Variante	Kleingruppenarbeit		Dauer
1	Kleingruppenarbeit:		15–45 min. Arbeitsphase +
			15–45 min. Ergebnispräsentation
2	Paararbeit:	Spaziergang	15–45 min. Arbeitsphase +
			10–15 min. Reflexion im Plenum
		Austausch mit Sitznachbarn	5–10 min. Murmelphase +
			5–10 min. Reflexion im Plenum

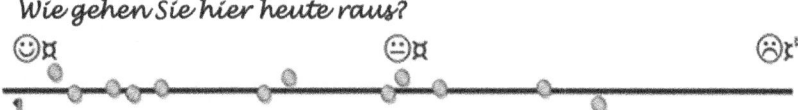

Abb. 6.6 Einpunktabfrage: Stimmungsbild

genutzt werden kann, um dem „Mittagstief" entgegenzuwirken. Auch hier sollten ein paar Minuten zur Reflexion im Plenum eingeplant werden (Tab. 6.3).

6.4.5.4 Punktabfrage

Das Punkten ist eine anonyme Abfrage der Stimmung oder der Prioritäten der einzelnen Gruppenmitglieder, so dass sich daraus ein Gruppenbild ergibt, das als Feedback oder auch als Entscheidungsgrundlage für das weitere Vorgehen dienen kann. Den Gruppenmitgliedern werden dabei ein oder mehrere Klebepunkte in die Hand gegeben, die sie nach Belieben auf verschiedene Themen oder Antwortmöglichkeiten verteilen können. Um ein Stimmungs-, Informations- oder Meinungsbild zu erhalten werden beispielsweise Fragen gestellt wie: *Wie gehen Sie hier heute raus?*, *Welches Vorwissen bringen Sie zu unserem Thema mit?* oder *In welcher der folgenden Positionen finden Sie sich am ehesten wieder?* (Abb. 6.6)

Zur Beantwortung solcher Fragen reicht ein Punkt pro Person. Anders sieht es aus, wenn es um das Priorisieren von Lösungswegen, Wünschen oder zu bearbeitenden Themen geht. In diesem Fall erhalten die Teilnehmer(innen) jeweils mehrere Punkte (in der Regel drei), die sie auf die unterschiedlichen Alternativen verteilen können. Dabei gilt, dass es sowohl erlaubt ist, alle eigenen Punkte auf eine einzige Lösung zu setzen als auch jeden Punkt auf eine andere. Das Thema, das die höchste Anzahl an Punkten erhält, bekommt die erste Priorität und wird zuerst bearbeitet; der Lösungsweg mit den meisten Punkten wird genauer geplant etc. Die restlichen Themen bzw. Lösungswege folgen in der Reihenfolge ihrer Bepunktung.

Der unbestrittene Vorteil der Punktabfrage liegt in ihrer Kürze. Wenige Minuten reichen aus, um ein klares Bild zu erhalten und somit ein eindeutiges Ergebnis

Tab. 6.4 Varianten der Punktabfrage

Variante	Punktabfrage	Dauer
1	Einpunktabfrage: Erhalt eines Stimmungs-, Informations- oder Meinungsbildes	5 min.
2	Mehrpunktabfrage: Priorisieren von zu bearbeitenden Themen, Lösungswegen etc.	10 min.

zu erzielen. Das kann Entscheidungsprozesse deutlich abkürzen. Da es sich zumindest bei der Mehrpunktabfrage um eine Methode des Schließens handelt, sollte sie im Prozess jedoch nicht zu früh eingesetzt werden. Das Punkten befördert reine Mehrheitsentscheidungen und nimmt keine Rücksicht auf Minderheitsmeinungen. Entscheidungen sollten daher bereits in der nötigen Tiefe in einer Gruppe diskutiert worden sein, bevor sie mit einer Punktabfrage gefällt werden. Einpunktabfragen zur Erhaltung eines Stimmungsbildes o. ä. haben hingegen eher öffnenden Charakter. Sie wollen interpretiert werden und dienen somit als Gesprächsgrundlage. Hierin liegt auch der Nachteil, wenn sie als Feedback eingesetzt werden, indem die Gruppenmitglieder beim Rausgehen ihren Punkt auf ein Stimmungsbarometer wie das obige kleben: Dem/r Moderator(in) bleibt keine Möglichkeit, die Gründe zu erfragen, die zu dem Ergebnis geführt haben, so dass er/sie letztendlich relativ wenig verwertbare Informationen erhält (Tab. 6.4).

6.4.5.5 Kartenabfrage

Die klassische Kartenabfrage zur Sammlung von Themen, Wünschen oder Lösungsideen besteht aus mehreren Schritten: In einem ersten Schritt werden die Moderationskarten an die Teilnehmer(innen) ausgeteilt mit der Bitte, immer nur einen Gedanken pro Karte in Druckschrift aufzuschreiben. Dabei gibt es zwei unterschiedliche Varianten: Entweder jedes Gruppenmitglied beschriftet die Karten für sich alleine oder die Gruppe wird in mehrere Kleingruppen unterteilt, die in einem offenen Austausch alle Punkte zusammentragen, die sie zur Beantwortung der Frage für relevant halten. Die zweite Variante braucht mehr Zeit und birgt die Gefahr, dass durch den Einigungsprozess letztendlich nicht alle Einzel-Meinungen auf den Karten vertreten sind. Auf der anderen Seite trägt sie dazu bei, dass die Gruppenmitglieder miteinander in Kontakt kommen und eine Arbeitsatmosphäre entsteht. Außerdem können erste Gedanken Einzelner in der Kleingruppe produktiv weiterentwickelt werden oder in der Diskussion gänzlich neue Ideen entstehen, die keiner für sich alleine bisher bedacht hatte. Während für die erste Variante (Stillarbeit) in der Regel 5–10 min. ausreichen, braucht die zweite Variante (Kleingruppenarbeit) ca. 15–30 min., je nach Komplexität und gewünschter Bearbeitungstiefe der Frage, zu der Antworten gesammelt werden sollen.

Im zweiten Schritt werden die beschrifteten Karten vorgelesen und an eine Moderationswand gepinnt. Sinnvollerweise präsentiert jedes Gruppenmitglied bzw. jede Kleingruppe die eigenen Karten und erklärt sie bei Bedarf. Erklären meint dabei lediglich, sicherzustellen, dass die Gesamtgruppe den Karteninhalt verstanden hat, nicht ihn zu diskutieren. Alternativ kann der/die Moderator(in) die Karten vorlesen und Verständnisfragen stellen bzw. von der Gesamtgruppe stellen lassen. Da nicht alle Inhalte, so wie sie auf die Karten geschrieben werden, selbsterklärend sind und darum die Möglichkeit bestehen muss, nachzufragen, eignet sich die Kartenabfrage nur bedingt als anonyme Abfrage. Die Zeit, die die Präsentation der Karten in Anspruch nimmt, richtet sich nach ihrer Anzahl. Es kann daher sinnvoll sein, diese im Vorfeld zu begrenzen, indem der Arbeitsauftrag lautet: *Bitte schreiben Sie Ihre wichtigsten drei* (bei Gruppen eher fünf) *Erfahrungen/Wünsche/Lösungsvorschläge jeweils auf eine Karte!* Moderator(inn)en sollten zudem darauf achten, dass die Inhalte bei ihrer Vorstellung nicht zu stark vertieft, erklärt oder sogar diskutiert werden. Ein bis zwei erklärende Sätze pro Karte reichen in der Regel aus, um ihre Intention zu verstehen. Ansonsten kann eine solche Präsentation von Arbeitsergebnissen leicht ausufern und zeitlich die komplette Sitzung in Anspruch nehmen.

Der dritte und letzte Schritt dient nun der Clusterung der Karten zu Kategorien, um sie sinnhaft einander zuzuordnen. Das geschieht entweder vor der Gruppe durch den/die Moderator(in), wobei die Gruppe eingreifen kann, wenn sie mit einer Zuordnung nicht einverstanden ist, oder bereits während des Anpinnens durch die Präsentator(inn)en. Eine dritte Variante ist die Clusterung durch den/die Moderator(in) während der Pause. In diesem Fall wird das Ergebnis nach der Pause im Plenum vorgestellt (Abb. 6.7).

Kartenabfragen können durch Visualisierungen aufgepeppt werden. Sollen Ressourcen zusammengetragen werden, kann beispielsweise eine Schatztruhe an die Moderationswand gezeichnet werden, die dann mit den beschrifteten Karten zu den einzelnen Kraftquellen gefüllt wird. Werden Stolpersteine gesucht, können dreidimensionale Steine aus Papier gebastelt werden, die später genau wie einfache Karten angepinnt werden. Das ist zugegebenermaßen ein wenig aufwändig in der Vorbereitung, lohnt sich aber, da es Aufmerksamkeit und Mitwirkungsbereitschaft der Gruppe erhöht (Tab. 6.5).

6.4.6 Aktives Zuhören als Basiskompetenz

Um die Allparteilichkeit zu sichern und die Beteiligung aller am Zustandekommen eines Ergebnisses zu ermöglichen, ist es wichtig, sich zu bemühen, jedes Gruppenmitglied genau zu verstehen. Dazu gibt der/die Moderator(in) Zeichen der Zugewandtheit, fragt bei Bedarf nach und fasst das Gehörte ab und zu mit eigenen Wor-

6.4 Das Handwerkszeug – die Moderationsmethoden

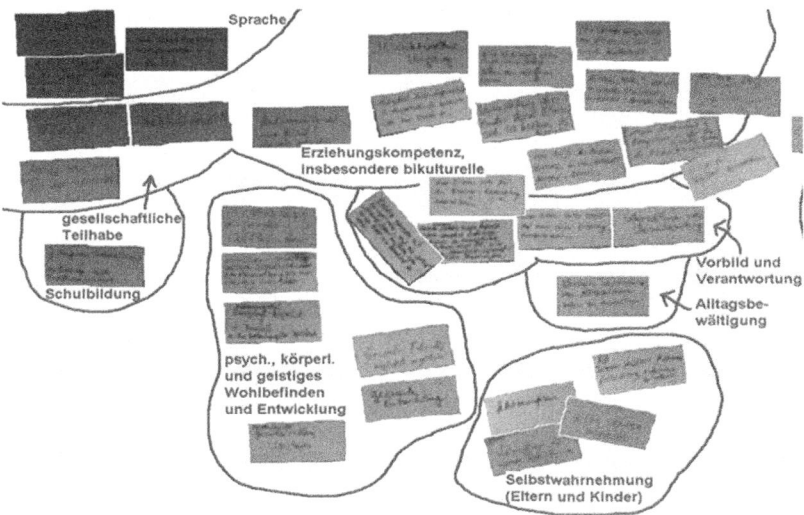

Abb. 6.7 Beispiel für Clusterbildung

Tab. 6.5 Die Schritte einer Kartenabfrage

Schritt	Kartenabfrage		Dauer
1	Karten beschriften	Variante 1: Stillarbeit	5–10 min.
		Variante 2: Kleingruppenarbeit	15–30 min.
2	Karten vorstellen		15–30 min.
3	Karten clustern		10 min.

ten zusammen. Für diese Art von Zuhören hat sich der Begriff *Aktives Zuhören* eingebürgert. *Aktives Zuhören* stellt somit eine Basiskompetenz in der Moderation dar. Es kann, insbesondere im Fall aufkommender Konflikte, ergänzt werden durch die Spiegelung des emotionalen Kerns des Gesagten. Dadurch wird es den Betroffenen ermöglicht, sich ein Stück weit selbst zu klären. Kann dieser emotionale Kern nicht aktiv herausgehört werden, helfen Fragen wie: *Was ist der Kern?* oder Satzanfänge wie: *Besonders wichtig ist mir...*

Zu wissen, um was es dem Menschen eigentlich im Kern geht, hilft den anderen, seine Sichtweise zu verstehen und seine (emotionale) Reaktion einzuschätzen. Oftmals können Konflikte soweit entschärft oder gar geklärt werden, dass die Arbeitsfähigkeit der Beteiligten nicht weiter bedroht ist (siehe dazu auch Kap. 8).

Sollte das nicht gelingen, bleibt nur, den unmittelbar Beteiligten ein gesondertes Treffen zur Konfliktklärung in kleinerem Kreis anzubieten. Ist es auch mit diesem Angebot nicht möglich, zum eigentlichen Thema zurückzukehren, muss die Moderation unter Umständen vertagt werden (Ausnahme: es handelt sich explizit um eine Konfliktmoderation).

6.4.7 Atmosphäre schaffen

Moderation als Beteiligungsmedium entfaltet seine Wirkung am besten in der Balance zwischen Transparenz und Klarheit auf der einen und Einfühlung und Wertschätzung auf der anderen Seite. Ist diese Balance gewährleistet, können sich die Beteiligten sicher fühlen, ernstgenommen und am Prozess und seinen Ergebnisse angemessen beteiligt zu werden. Der/Die Moderator(in) sollte daher Präsenz zeigen und in wertschätzender Weise bereit und in der Lage sein, in den Interaktionsprozess einzugreifen, beispielsweise, um Abschweifungen zu beenden oder um Einzelne vor Anfeindungen zu schützen. Die explizite Vereinbarung von Umgangsformen oder Gesprächsregeln ist in der Regel nicht notwendig, da die Gruppe am Vorbild des/r Moderators/in lernt und ihr Verhalten – unterstützt durch das direkte Eingreifen von Seiten der Moderation – dementsprechend anpasst.

Der Eindruck von Präsenz und Klarheit wird unterstützt durch eine möglichst offene und zugewandte Körperhaltung, eine laute, deutliche und akzentuierte Stimme und eine verständliche Sprache. Verständlich meint auch, der jeweiligen Zielgruppe angemessen zu sprechen. Laut und deutlich schließt leisere Töne und Einfühlsamkeit nicht aus.

Die Wahl geeigneter Räumlichkeiten unterstützt die Förderung einer produktiven Arbeitsatmosphäre. Es sollte keine Kuschelatmosphäre gewählt oder bewusst hergestellt werden, aber ebenso wenig eine kühle, behördliche Atmosphäre geschaffen werden, sondern wenn möglich ein heller, freundlicher und klarer Raum für die Treffen ausgewählt werden.

Was im Vorfeld passiert 7

Eine *Ressourcenorientierte Netzwerkmoderation* setzt eine Reihe von Schritten im Vorfeld voraus. So muss bereits eine Netzwerk- und Unterstützungsanalyse stattgefunden haben, Ziele festgelegt worden sein und die klienteneigenen Ressourcen erhoben worden sein, damit während des Treffens mit ihnen weitergearbeitet werden kann. Eine Netzwerkmoderation markiert also nicht den Beginn des netzwerk- und ressourcenorientierten Arbeitens in einem Fall in der Sozialen Arbeit, sondern findet dann statt, wenn weniger aufwändige und nicht so stark in das System eingreifende Methoden nicht zum gewünschten Erfolg führen. Da Sozialpädag(inn)en vermutlich nicht auf die Idee kommen, ein solches moderiertes Treffen anzusetzen, wenn sie nicht auch ansonsten bereits netzwerk- und ressourcenorientiert arbeiten, ist der Aufwand dennoch begrenzt. Alles, was sie im Sinne einer Vorbereitung der Moderation benötigen, haben sie zu diesem Zeitpunkt, wenn die Entscheidung für eine Netzwerkmoderation fällt, im Normalfall ohnehin schon mit ihrem/r Klienten/in erarbeitet. Die der *Ressourcenorientierten Netzwerkmoderation* vorausgehenden Methoden und Arbeitsschritte sollen an dieser Stelle noch einmal beschrieben werden.

7.1 Netzwerkkarte

Am Anfang jeder Netzwerkarbeit steht die Netzwerk- und Unterstützungsanalyse. Auch für die Vorbereitung einer *Ressourcenorientierten Netzwerkmoderation* ist sie unerlässlich. Um gemeinsam mit dem/der Klienten/in entscheiden zu können, wer zu einem moderierten Treffen eingeladen wird, wird darum eine *Netzwerkkarte*[1] erstellt, die der/die Klient(in) wenn möglich selber ausfüllt, zumindest aber genaue Angaben macht, welche Namen wo hingeschrieben werden sollen. Die *Netzwerk-*

---

[1] Eine Kopiervorlage der hier abgebildeten *Netzwerkkarte* befindet sich im Anhang.

Abb. 7.1 *Netzwerkkarte*

karte visualisiert die sozialen Bezüge mithilfe verschiedener lebensweltlicher Felder, zeigt relevante Bezugspersonen und Konfliktpotential auf. Die Netzwerkmitglieder werden um ein die/den Klienten/in symbolisierendes Zentrum gruppiert (Abb. 7.1).

Beim Ausfüllen der *Netzwerkkarte* sollte auf die folgenden Punkte geachtet werden[2]:

1. Zwar geht es bei der Verwendung der *Netzwerkkarte* vorrangig um die Quantität der Kontakte, das bedeutet aber nicht, dass die Größe des Netzwerkes per se ein bzw. das einzige Qualitätsurteil darstellt! Kleine, dafür multiplexe Netzwerke können genauso gut Unterstützungsbedürfnisse erfüllen. Das führt gleich zum nächsten Punkt.
2. Keine Angst vor dem leeren Blatt! Die Angst, dass die *Netzwerkkarte* leer bleibt, ist zumeist unbegründet, insbesondere, da sie mehrere Segmente enthält. Sollte das Ergebnis nicht zur Zufriedenheit der Betroffenen ausfallen, ist die Reflexion darüber bereits ein erster wichtiger Schritt hin zur gewünschten Veränderung (Friedrich 2008a).
3. Es sollte bereits deutlich geworden sein, dass es nicht die Aufgabe des/r Moderators/in ist, das Ergebnis zu bewerten, schon gar nicht mit der „Mittelschichtsbrille", sondern vielmehr, die Betroffenen zu ermutigen, sich damit auseinanderzusetzen. Eigene Wahrnehmungen dürfen dennoch angeboten werden, wenn sie explizit als solche kennzeichnet werden, um zu verhindern, dass sie von den Betroffenen zur Wahrheit erhoben werden.

---

[2] Der folgende Abschnitt ist im Wesentlichen Friedrich (2010a, S. 65 ff.) entnommen.

4. Die Autonomie beginnt selbstverständlich nicht erst bei der Deutung. Wichtig ist, die Betroffenen selber bestimmen zu lassen, wo welcher Name genau steht und wer überhaupt auf der Karte auftaucht. Dabei ist kein Kriterium, ob das Ergebnis die „Wahrheit" widerspiegelt oder eine Wunschvorstellung – die eigene und zu dem Moment mögliche Sichtweise zeigt es in jedem Fall. Der Realitätscheck ist in anderen Methoden enthalten, kommt dann aber nicht von außen, sondern wird von den Klient(inn)en selber durchgeführt.
5. Aus dem bereits Gesagten folgt, dass die fertig erstellte *Netzwerkkarte* Eigentum des/r Klienten/in ist. Fachkräfte können und sollten sich aber mit Erlaubnis eine Kopie machen.
6. Ein paar Regeln haben sich beim Ausfüllen der Karte als hilfreich erwiesen:
    a. Als Eingangsfrage eignet sich: *Wer spielt alles eine Rolle in Ihrem Leben?* Durch die Nuancierung der Worte lässt sich ihre Ausrichtung variieren. Wird schnell deutlich, dass der/die Betroffene Probleme hat, zwischen relevanten und irrelevanten Kontakten zu unterscheiden und sich dadurch überfordert fühlt, hilft die Betonung: *Wer spielt wirklich eine Rolle in Ihrem Leben?* dabei, sich zu begrenzen. Auf der anderen Seite ermutigt die Betonung *irgendeine Rolle, das muss keine enge Beziehung sein, wen grüßen Sie denn so im Stadtteil?* dazu, die Karte zu füllen, wenn zunächst wenig kommt.
    b. Um am Ende nicht einem falschen Eindruck zu erliegen, sollten keine Namen doppelt erscheinen. Es ist darum hilfreich und für die Klient(inn)en in der Regel machbar, sie zu bitten, sich jeweils für ein Segment zu entscheiden.
    c. Die Anordnung der Namen auf der Karte von innen nach außen geschieht intuitiv. Es ist nicht völlig geklärt, was sie genau erfasst, dennoch hat jede(r) eine Vorstellung davon und kann sie umsetzen. Die Nähe zur Mitte ist nur pro Segment zu bestimmen. Ein gutes Beispiel dafür ist die Nachbarin, die zur Freundin wird. Steht sie im Segment ‚Nachbarn' noch ganz weit vorne, rückt sie im Feld ‚Freunde/Bekannte' nun vermutlich ein Stück nach hinten, obwohl die Beziehung ja sogar enger geworden ist.
    d. In das Segment ‚Sonstige' können all die Namen eingetragen werden, die in den restlichen Kategorien keinen Platz finden: Haustiere, Popstars, der getrennt lebende Kindsvater etc. Gesondert erfragt werden Dienstleister im Stadtteil, da sie oft eine besondere Rolle als Ansprechpartner(innen) für sozial benachteiligte und mehrfach belastete Menschen spielen. Sie grenzen sich von verbindlichen bzw. stigmatisierenden Helfer-Kontakten ab, die Betroffenen müssen sich demnach vor ihnen nicht für die eigene Lebensführung rechtfertigen, es entstehen aber auch keine „Reziprozitätsschulden", weil die Balance zwischen Geben und Nehmen über die Bezahlung der Dienstleistung gewährleistet ist.

e. Auch wenn die Betroffenen letztendlich entscheiden, wessen Namen auf der Karte Platz finden, ist es schon im Sinne der Methode, dafür zu werben, auch weniger enge und sogar konflikthafte Beziehungen aufzunehmen, um einen möglichst guten Überblick über das vorhandene Potenzial zu erhalten. Aus diesem Grund wurden die beiden Sonderzeichen für Konflikt und Kontaktabbruch eingeführt, die neben die betreffenden Namen geschrieben werden können. In der Regel werden die Spannungen auf diese Weise leichter ausgehalten.
7. Nicht vergessen werden darf, dass die *Netzwerkkarte* selber bereits ein Interventionsinstrument ist. Sie erhebt nicht nur den Status quo, sondern ermuntert auch zu einer Reflexion über die eigene Kontakt- und Beziehungsgestaltung, die bereits zu Veränderungsprozessen führen kann.
8. Aus diesem Grund ist es auch wichtig zu betonen, dass es sich bei dem erhaltenen Ergebnis um eine Momentaufnahme handelt. Das kann die Scheu davor nehmen, sich festzulegen.

7.2 Unterstützungskarte

Mit der *Unterstützungskarte* lassen sich die relevanten Klientenbeziehungen auf ihr Unterstützungspotenzial hin überprüfen. Sie kann ergänzend zur *Netzwerkkarte* eingesetzt werden, um ein genaueres Bild davon zu erhalten, wer möglicherweise besonders hilfreich in einer Moderationsrunde wäre, also Wichtiges zur Lösungsfindung beitragen würde (Abb. 7.2).

Außerdem gibt sie einen Hinweis auf reziproke, also im Nehmen und Geben ausbalancierte Beziehungen. In reziproken Beziehungen fällt das Annehmen von sozialer Unterstützung leichter, da man weiß, wie man auf Augenhöhe etwas zurückgeben kann. Wenn möglich sollten daher in die Netzwerkmoderation Menschen eingeladen werden, von denen der/die Klient(in) guten Gewissens Hilfe annehmen kann, weil er/sie sie auch schon einmal unterstützt hat. Diese Menschen werden sich auch seltener als Gebende ausgenutzt fühlen.

Die *Unterstützungskarte* geht von Alltagssituationen aus und erfragt, inwieweit die Betroffenen in dem jeweiligen Bereich Unterstützung erhalten bzw. geben. Die ausgewählten Situationen repräsentieren die vier Unterstützungsbereiche ‚emotionale Alltagsunterstützung' (Zuhören), ‚praktische Alltagsunterstützung' (Umzug, Kinderbetreuung, Rat geben), ‚emotionale Krisenunterstützung' (Trost/Aufmunterung) sowie ‚praktische Krisenunterstützung' (Geld leihen). Weitere Felder sind noch leer, um individuell relevante Situationen bzw. Unterstützungsbereiche zu ergänzen. Die Eingangsfrage lautet: *Wer unterstützt mich* (Pfeil rein) *und wen unter-*

7.2 Unterstützungskarte

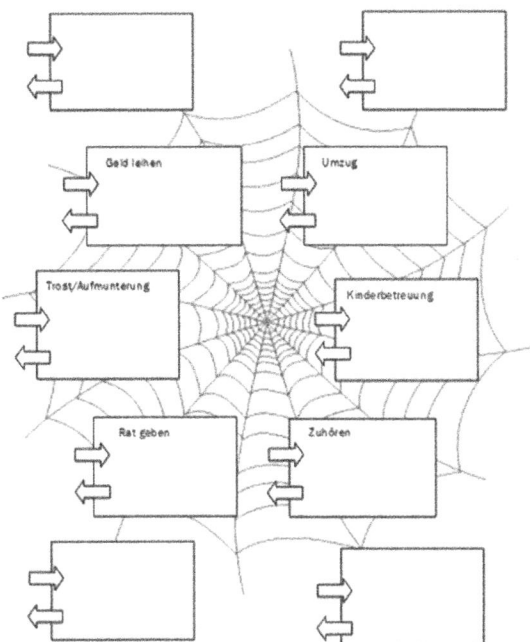

Abb. 7.2 *Unterstützungskarte*

stütze ich (Pfeil raus)? Der Blick auf die zuvor erhobene *Netzwerkkarte* erleichtert das Ausfüllen der *Unterstützungskarte*.

Beim Ausfüllen der *Unterstützungskarte* sollte auf die folgenden Punkte geachtet werden[3]:

1) Die Klient(inn)en sollten dazu angeregt werden, mit sich selber ehrlich zu sein, also nicht eine Wunschvorstellung aufzuschreiben, sondern das tatsächliche momentane Empfinden. Die ausgefüllte Karte soll ja den Status quo abbilden und damit neben den bereits vorhandenen Ressourcen auch einen möglichen Veränderungsbedarf aufzeigen, insbesondere was den Grad an Reziprozität in den Klientenbeziehungen angeht. Besonders wichtig ist das bei der Beantwortung der Frage: *Wen unterstütze ich?* Hier zählt in erster Linie die tatsächlich erlebte Unterstützung.

2) Bei der Überlegung, wer mich unterstützt, ist die Unterscheidung zwischen *Wer würde Ihnen helfen, wenn…?* und *Wer hat Ihnen geholfen, als…?* nicht ganz

---

[3] Der folgende Abschnitt ist im Wesentlichen Friedrich (2010a, S. 65 ff.) entnommen.

so relevant. Schließlich ist auch potenzielle Unterstützung ein Gewinn für den/die Klienten/in, vermag sie es doch, den Betroffenen das sichere Gefühl zu geben, im Notfall nicht alleine dazustehen, und dieses Gefühl entlastet bereits im Alltag. Dennoch lohnt es sich beim Ausfüllen der Karte – es geht ja ohnehin darum, ins Gespräch zu kommen – nachzuhaken, um auch die tatsächlich erlebte Unterstützung zu erfassen: *Wer hat Ihnen denn letzte Woche einen Gefallen getan?*

3) Bleiben einzelne Felder leer, ist im Gespräch abzuklären, ob das daran liegt, dass ganze Unterstützungsbedarfe (z. B. emotionale Krisenunterstützung) nicht abgedeckt sind, oder einfach daran, dass die Situation für die betreffende Person schlecht gewählt war. In diesem Fall ist es sinnvoll, mit dem/r Klienten/in nach individuell passenderen Überschriften für die jeweiligen Felder, die die entsprechende Unterstützungsart repräsentieren, zu suchen. Überhaupt bieten die leeren Felder die Möglichkeit, weitere Kategorien hinzuzufügen. Wichtig ist lediglich, dass sowohl die emotionale als auch die praktische Alltags- und Krisenunterstützung erhoben werden. Im Sinne eines transparenten Vorgehens sollte dieser Gedanke den Klient(inn)en bei der Verwendung des Instrumentes nahe gebracht werden.

4) Die Balance zwischen Nehmen und Geben in den Klientenbeziehungen ergibt sich erst aus dem Gesamtbild. Es ist für den/die Betroffene(n) nicht erforderlich, in jedem Fall die gleiche Unterstützungsart an die Person zurückzugeben, von der er/sie sie bekommt. Wichtig ist aber, alle vier Unterstützungsarten zu erhalten und möglichst auch anderen zu gewähren.

5) Was tun bei Auffälligkeiten? Nicht nur bei Auffälligkeiten, aber besonders dann, bieten sich in einem ersten Schritt zur Besprechung des erhaltenen Ergebnisses die Fragen an: *Wenn Sie sich Ihre Karte anschauen, wie wirkt diese auf Sie? Wie erleben Sie das? Wie zufrieden sind Sie damit?* Im nächsten Schritt sollte, unabhängig von einem in der Antwort bereits enthaltenen Veränderungswunsch, gewürdigt werden, was vorhanden ist: „Nehmerqualitäten" bedeuten auch, dass es dem/der Klienten/in bisher gelungen ist, Menschen in hohem Maße als Unterstützer(innen) zu gewinnen. Eine Schlagseite zum Geben zeigt, dass er/sie ein hilfsbereiter Mensch ist, eine eher leere Karte, dass der/die Betroffene über hohe personale Kompetenzen verfügen muss, die den augenscheinlichen Mangel an sozialen Ressourcen in der Lage sind auszugleichen. Ist eine Veränderungsmotivation spürbar, können Ziele entwickelt werden, die zu einer größeren Zufriedenheit des/r Betroffenen führen. Fehlt diese – die betreuende Fachkraft sieht aber hohe Risiken bei einem „weiter so" in der Zukunft –, sollte sie ihre Sichtweise darstellen und ihr Gegenüber in einer wertschätzenden Weise mit ihren Bedenken konfrontieren.

Zur Nutzung des Instrumentes in der Vorbereitungsphase der *Ressourcenorientierten Netzwerkmoderation* befindet sich im Anhang eine Kopiervorlage.

7.3 Ressourcenkarte

Abb. 7.3 *Ressourcenkarte* (in Anlehnung an Venezia 2000)

7.3 Ressourcenkarte

Unabdingbar zur Vorbereitung einer *Ressourcenorientierten Netzwerkmoderation* ist neben der Netzwerk- und Unterstützungsanalyse die Analyse der klienteneigenen Ressourcen. Als besonders praktikabel hat sich dafür die *Ressourcenkarte* von Birgit Venezia (2000) erwiesen. Anhand der Fragen *Was mache ich? Was kann ich? Was will ich? Was bin ich? Was habe ich?* lassen sich die individuellen Ressourcen in den fünf Bereichen ‚Interessen', ‚Kompetenzen', ‚(Lebens)Ziele', ‚Identität' und ‚Materielles & Ideelles' aufspüren. Die unter der jeweiligen Überschrift stehenden Begriffe sollen ein Gefühl dafür geben, wie vielfältig individuelle Ressourcen sind; sie tauchen in dem verwendeten Arbeitsblatt (siehe Anhang) jedoch nicht auf (Abb. 7.3).

7.3.1 Zu beachten[4]

1. Eine gute Ergänzung zu den fünf Leitfragen bietet die von Birgit Venezia entwickelte Liste vertiefender Fragen (Venezia 2000).
2. Einen sanften Einstieg ermöglicht die Frage nach den Interessen *(Was mache ich?)*, da sie – anders als die Frage nach den eigenen Fähigkeiten – frei von dem Verdacht des Eigenlobes ist.
3. Bei der Frage nach den individuellen Kompetenzen *(Was kann ich?)* sollten die Bewältigungsstrategien nicht vergessen werden. Ihnen spürt man am besten nach mit der Frage: *Wie haben Sie es trotz der schweren Krisen in Ihrem Leben geschafft, bis heute zu überleben?* Entscheidend ist, dass der Ton dabei ernsthaft und wertschätzend, nicht zynisch klingt.
4. Die Frage *Was bin ich?* ist eine Einladung, der eigenen Identität nachzuspüren. Gezielt nachfragen können Sie hier nach familiären, beruflichen und sonstigen Rollen (z. B. „große Schwester"). Unsere soziale Identität bildet sich ja aus der Zugehörigkeit zu verschiedenen Gruppen. Zur eigenen Identität gehören aber auch Selbst- und Fremdzuschreibungen, also unsere Persönlichkeitseigenschaften. Natürlich sollte darauf geachtet werden, dass in die *Ressourcenkarte* nur positiv erlebte Rollen und Eigenschaften aufgenommen werden. Klarheit bei Unsicherheiten diesbezüglich gibt die Antwort auf die Frage: *Gibt Ihnen das Kraft?*
5. Auch die Beantwortung der Frage *Was habe ich?* deckt einen ganzen Fundus an möglichen Kraftquellen auf: Netzwerk, Wissen, Zeit, Wohnraum, Glaube, Familienkultur, um nur einige zu nennen. Unter Familienkultur werden Traditionen, Werte und Rituale verstanden, die sich in einer Familie ausgebildet haben und die ihre Besonderheit ausmachen. Diese können wertvolle Kraftquellen darstellen und sollten darum nicht immer nur unter einem problematisierenden Blickwinkel – „diese Familie hängt den ganzen Tag vor dem Fernseher" – wahrgenommen werden. Ein Leitfaden zur Erhebung familienkultureller Ressourcen findet sich im Anhang.
6. Ziele können Menschen viel Kraft geben, besonders, wenn es sich um Lebensziele handelt, die unsere Sehnsüchte verkörpern. Die Kehrseite der Medaille: Sind unsere Ziele zu hochgesteckt und bleiben somit dauerhaft bloße unerreichbare Wunschträume, können sie auch deprimieren. Auch hier bietet sich an zu fragen: *Gibt Ihnen dieses Ziel Kraft?*, um zwischen Ressourcen und Kräfte zehrenden Zielen zu unterscheiden.

---

[4] Der folgende Abschnitt ist im Wesentlichen Friedrich (2010a, S. 76 f.) entnommen.

7. Besonders gute Erfahrungen haben wir sowohl in der Arbeit mit Jugendlichen als auch mit jüngeren Kindern mit der Ausgestaltung der *Ressourcenkarte* als Collage gemacht. Worte können somit durch Bilder und Fotos ergänzt oder vollständig ersetzt werden.

Es gibt selbstverständlich Alternativen zu der *Ressourcenkarte*. Der eigenen Fantasie und Kreativität sind dabei keine Grenzen gesetzt. Ob die klienteneigenen Kraftquellen und Stärken als Schatztruhe dargestellt werden, als Ressourcenbaum, der auf den kulturellen Wurzeln aufbaut oder als Wappen, ist letztendlich nicht entscheidend, sondern entspringt den Vorlieben der professionellen Helfer(innen) und ihrer Klient(inn)en. Denn die Ressourcenerhebung soll vor allem Spaß machen, sie soll motivierend und aktivierend sein. Wenn die *Ressourcenorientierte Netzwerkmoderation* als Element der *Familienaktivierenden Heimerziehung* (s. Kap. 2.4) zur Unterstützung der geplanten Rückführung eines Kindes oder Jugendlichen in die Familie zum Einsatz kommt, bietet sich ergänzend zur *Ressourcenkarte* in Anlehnung an Cassée (2010) vorbereitend ein Instrument an, dass wertschätzend die Elternrolle betrachtet und dabei sowohl die bereits vorhandenen Eltern-Kompetenzen (*eine gute Mutter/ein guter Vater zu sein – was bringe ich dafür schon mit?*) als auch die noch zu entwickelnden Fähigkeiten (*woran will ich noch arbeiten?*) erhebt.

Die vorhandenen Ressourcen und Potenziale werden dabei nicht einfach aufgeschrieben, sondern als Körpermetaphern visualisiert. Äußert die betreffende Mutter beispielsweise, dass sie ihr Kind liebt, wird das als „Herz auf dem rechten Fleck" in das Körperbild eingezeichnet. Hat sie ein offenes Ohr für seine Nöte, kann das ebenfalls visualisiert werden. Fehlt ihr manchmal noch die Standfestigkeit, lässt sich auch dafür ein Bild finden, dass dann auf der Potenzialseite eingezeichnet wird (Abb. 7.4).

Um die Kreativität und das künstlerische Geschick nicht überzustrapazieren, dürfen natürlich auch Worte in das Arbeitsblatt geschrieben werden. Metaphern haben aber ihren ganz eigenen Charme, da sie dazu zwingen, Dinge auf den Punkt zu bringen. Die Visualisierung sorgt dafür, dass die Ergebnisse im Gedächtnis bleiben, und die Verbindung zum eigenen Körper ist identitätsstärkend. Eine Kopiervorlage des Instrumentes findet sich im Anhang.

7.4 Netzwerkaktivierung mithilfe der *Ressourcenorientierten Beratung*

Nicht in jedem Fall mündet eine netzwerk- und ressourcenorientierte Arbeitsweise direkt in das Zusammenrufen der relevanten Bezugspersonen zu einer *Ressourcenorientierten Netzwerkmoderation*. Auch in der Einzelberatung lässt sich üben, das

Abb. 7.4 Körperbild zur Elternrolle in Anlehnung an Cassée (unvollständig)

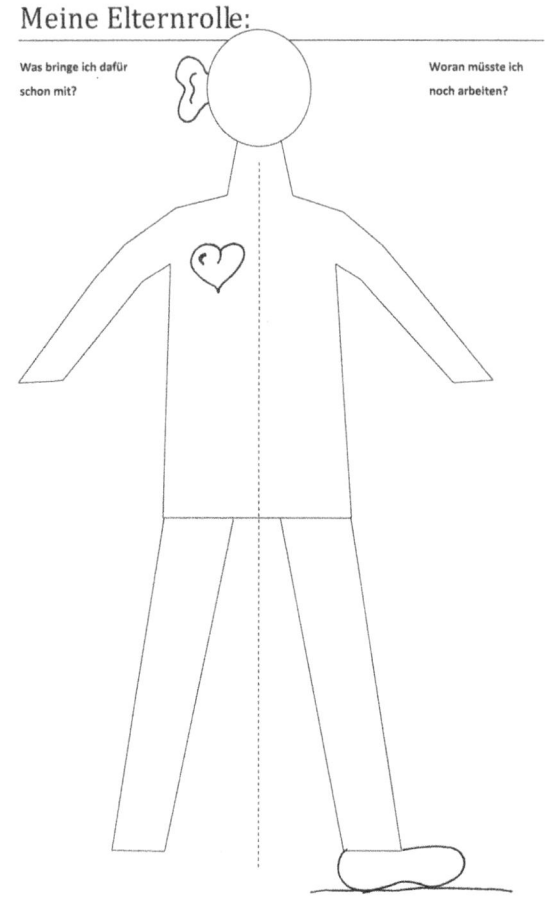

eigene Netzwerk um Hilfe zu bitten und zur Zielerreichung zu nutzen. Dafür bietet sich die Methode der *Ressourcenorientierten Beratung* an. Sie enthält vier aufeinander folgende Stufen: Zunächst wird gemeinsam mit dem/r Klienten/in das Ziel in seiner Attraktivität eingeschätzt und konkretisiert. Der Blick auf die bereits erhobenen Ressourcen hilft bei der Einschätzung, welche der klienteneigenen Stärken zur Zielerreichung zur Verfügung stehen bzw. mobilisiert werden sollten (Stufe 1). Anschließend werden konkrete Schritte zur Zielerreichung geplant. Mithilfe der Frage: „Wer kann dir dabei helfen und wie?" wird zudem die Unterstützung von Menschen aus dem (informellen) Netzwerk in den Handlungsplan eingebaut

(Stufe 2). Beim Risikocheck wird, ähnlich wie in der *Ressourcenorientierten Netzwerkmoderation*, der erarbeitete Handlungsplan noch einmal auf den Prüfstand gestellt (Stufe 3). Die vierte und letzte Stufe des Beratungsmodells unterstützt mit der Herausarbeitung des allerersten kleinen Schrittes und der wiederholten Nachfrage nach dem aktuellen Stand im Zielerreichungsprozess die konkrete Umsetzung.

Die Methode der *Ressourcenorientierten Beratung* wird ausführlich in Friedrich (2010a, S. 82 ff.) vorgestellt. Von Vollertsen (2010) liegt eine erste Wirksamkeitsstudie vor, die ihre Effektivität innerhalb eines Feldes der (psycho)sozialen Arbeit belegt. Ein Arbeitsblatt findet sich als Kopiervorlage im Anhang.

7.5 Festlegung und Konkretisierung des zu bearbeitenden Zieles

Der Zeitpunkt der Festlegung des Zieles, das in der Netzwerkmoderation bearbeitet werden soll, variiert abhängig vom Verlauf der Hilfe. Steht gleich von vornherein fest, dass eine Netzwerkmoderation geplant ist, ist die Zielformulierung und -konkretisierung vermutlich der erste Schritt, an den sich dann die Netzwerk-, Unterstützungs- und Ressourcenanalyse anschließt – bereits mit dem Fokus auf das konkrete Klientenziel. Anders sieht es aus, wenn sich erst im Laufe der Netzwerk- und Ressourcenarbeit herauskristallisiert, dass ein Zusammenrufen des Netzwerkes hilfreich sein könnte, um ein Ziel, das anders bisher nicht erreicht werden konnte, doch noch zu erreichen. In dem Fall werden schon Methoden der Netzwerk-, Unterstützungs- und Ressourcenanalyse zum Einsatz gekommen sein und vermutlich wird auch bereits versucht worden sein, das Ziel mithilfe der *Ressourcenorientierten Beratung* zu erreichen. Unabhängig von dem Zeitpunkt der Zielformulierung ist zu beachten, dass sich nicht jedes Ziel gleichermaßen dazu eignet, innerhalb einer Netzwerkmoderation bearbeitet zu werden. Eine *Ressourcenorientierte Netzwerkmoderation* ist *nicht* ratsam,

- wenn es vorrangig um Konflikt- und Beziehungsklärung geht; hier bieten sich eher Methoden der Klärungshilfe an (s. Kap. 8.1). Konnte ein Konflikt erfolgreich geklärt werden, spricht jedoch nichts dagegen, in einem nächsten Schritt eine Netzwerkmoderation durchzuführen, an der die Konfliktpartner teilnehmen (siehe unten). Klärungsprozesse sind aber nicht Gegenstand der eigentlichen *Ressourcenorientierten Netzwerkmoderation*!
- wenn es vorrangig um Selbstklärung geht; hier bieten sich eher Methoden an, die Selbstklärungsprozesse befördern, indem sie z. B. Ambivalenzen als *inneres Team* (Schulz von Thun 1998) visualisieren. Das Netzwerk als „äußeres Team"

kann erst hilfreich werden, wenn der/die Klient(in) weiß, was er/sie erreichen oder verändern möchte. Die Netzwerkmoderation stellt also auch hier erst den nächsten Schritt dar.
- wenn es vorrangig um Selbststärkung geht; hier bieten sich alle Methoden der Ressourcenarbeit an, z. B. die *Ressourcenkarte* oder auch Methoden der ressourcenorientierten Biographiearbeit (u. a. das *Belastungs- und Ressourcendiagramm* von Huber 2006, S. 86). Zwar wird auch in der Netzwerkmoderation ein Fokus auf die Stärkung des/der Klienten/in gelegt, um die Augenhöhe zum eingeladenen Netzwerk zu gewährleisten (siehe unten), diese Stärkung ist aber nicht das Ziel des moderierten Treffens, sondern dessen Vorbedingung.
- wenn es um ein Ziel geht, dass auch auf weniger aufwändigem Wege, also in der Einzelberatung, sicher erreicht werden kann.

Eine *Ressourcenorientierte Netzwerkmoderation* ist hingegen empfehlenswert, wenn es sich um ein *nachvollziehbares und relevantes Ziel* handelt, das nur dann erreicht werden kann, wenn mehrere Menschen sich dafür engagieren und an einem Strang ziehen. Das ist in der ambulanten Kinder- und Jugendhilfe vor allem dann der Fall, wenn es um die Sicherung der Betreuung, der adäquaten Versorgung und der Förderung von Kindern und Jugendlichen geht, wobei im konkreten Fall jeweils unterschiedliche Aspekte im Vordergrund stehen können: die Wohnung zu entmüllen und für ein Mindestmaß an Hygiene zu sorgen, der Tochter dabei zu helfen, von den Drogen wegzukommen oder dem Sohn dabei, wieder regelmäßig zur Schule zu gehen und einen Abschluss zu erreichen – um nur ein paar Beispiele zu nennen. Es erleichtert die Netzwerkmoderation, wenn im Vorfeld bereits Unterziele im Sinne einer Zielkonkretisierung formuliert werden. Ein Beispiel dafür finden Sie im nächsten Abschnitt.

7.6 Auswahl und Einladung der Netzwerkmitglieder

Die/Der Klient(in) trifft die Entscheidung darüber, welche seiner/ihrer relevanten Bezugspersonen in die Netzwerkmoderation eingeladen werden sollen. Der Charakter des Treffens sollte informell sein, was aber die Einladung zusätzlicher professioneller Helfer(innen) nicht ausschließt. Die Gefahr der sozialen Kontrolle, der Veröffentlichung und der erlebten Stigmatisierung ist jedoch durch die Teilnahme professioneller Helfer(innen) erhöht, was dem/der Betreffenden bewusst sein muss. Auch das Konfliktpotenzial, das die Teilnahme einzelner Netzwerkmitglieder beinhaltet, sollte in die Entscheidung einbezogen werden. Ebenso sollte die Größe der

7.6 Auswahl und Einladung der Netzwerkmitglieder

Runde sorgsam abgewogen werden. Eine große Runde mobilisiert möglicherweise viele Ressourcen, kann aber auch Energie kosten, Konflikte heraufbeschwören und Moderator(in), Klient(in) und Gruppe überfordern. In den allermeisten Fällen ist es sinnvoll, dass der/die Familienhelfer(in)[5] als gleichberechtigtes Netzwerkmitglied mit in der Runde sitzt. Dadurch ist gesichert, dass die sozialpädagogische Fachlichkeit weiterhin repräsentiert ist. Der/Die Familienhelfer(in) kann, wo dies nötig ist, sowohl anwaltschaftlich für ihre(n) Klienten/in auftreten, – also sie oder ihn stärken, ihm Mut machen etc. – als auch die inhaltlichen Lösungswege mitgestalten, die im Prozess erarbeitet werden. Das ist wichtig, da er/sie sie schließlich mittragen soll und möglicherweise einen anderen Blick auf die Problemlage hat als die Familie und ihr Netzwerk. Eine weitere Aufgabe des/r Familienhelfers/in während der Moderation ist das konsequente Vorleben der ressourcenorientierten Grundhaltung, indem er/sie zum Beispiel den einzelnen Gruppenmitgliedern immer wieder ihre Stärken vor Augen führt.

Einladen zu einer Netzwerkmoderation tut entweder der/die Klient(in) selber oder der/die Familienhelfer(in). Während der Einladung der ausgewählten Netzwerkmitglieder kann es entscheidend sein, den Charakter der Netzwerkmoderation zu verdeutlichen. Ansonsten besteht die Gefahr, dass die Teilnehmenden die Erwartungshaltung einnehmen, es ginge darum, Sichtweisen auszutauschen und Konflikte zu klären. Eine entsprechende Einweisung der Netzwerkmitglieder könnte zum Beispiel so klingen: *Lutz hat Sie ausgewählt, bei diesem Treffen dabei zu sein, weil er sich von Ihnen Unterstützung dabei wünscht, sein Ziel zu erreichen. Er weiß, dass er es alleine nicht schaffen wird, das hat er bereits versucht. Wenn Sie das Ziel grundsätzlich wichtig finden (relevant und nachvollziehbar) und bereit sind, ihn zu unterstützen, freuen wir uns sehr, wenn Sie kommen. Sie müssen heute noch gar nicht wissen, wie genau Sie ihn dabei unterstützen können bzw. hilfreich sein können, es reicht, wenn Sie überhaupt grundsätzlich dazu bereit sind. Wie genau und unter welchen Bedingungen das für Sie okay ist, das können Sie sich in Ruhe auf dem Treffen überlegen. Wichtig ist, dass Sie wissen, dass es bei dem Treffen nicht um eine Rückschau und die verschiedenen Sichtweisen gehen wird, also darum, was alles schon erfolglos versucht wurde, sondern darum, nach vorne zu schauen. Das Ziel, für dessen Erreichung sich der/die Betreffende Unterstützung aus seinem/ihrem Netzwerk wünscht, wird dabei explizit benannt: Lutz möchte es trotz des Schichtdienstes*

---

[5] Da die *Ressourcenorientierte Netzwerkmoderation* in erster Linie ein Instrument der Sozialpädagogischen Familienhilfe ist, wird der Einfachheit halber im Folgenden die Bezeichnung „Familienhelfer(in)" verwendet, wenn die betreuende Fachkraft gemeint ist, die mit dem/r Klienten/in arbeitet und auch die Vor- und Nachbereitung der Treffen übernimmt, nicht aber die Moderation.

schaffen, seinen Sohn Kevin gut zu versorgen (Hauptziel), *das heißt also, dass Kevin morgens frühstückt* (Unterziel 1) *und dem Wetter entsprechend gekleidet* (Unterziel 2) *zur Schule geht, mittags ein regelmäßiges Mittagsessen bekommt* (Unterziel 3), *dass jemand schaut, wie er mit seinen Hausaufgaben zurechtkommt* (Unterziel 4) *und dass er abends nicht alleine zu Hause ist* (Unterziel 5).

Das abgestufte Verfahren zum Umgang mit Konflikten   8

Konflikte können während eines moderierten Treffens virulent werden. Das bindet Energie und Zeit und ist von daher nicht wünschenswert. Die *Ressourcenorientierte Netzwerkmoderation* hat einen deutlich anderen Fokus als beispielsweise eine Konfliktmoderation; während akuten Konflikten lässt sich ein konsequenter Ressourcenblick, der weniger in Rückschau und Ursachenforschung als vielmehr in kreative Lösungen investiert, die aus „dem Vollen schöpfen" wollen, nur schwer aufrechterhalten. Konflikte bedrohen zudem die Arbeitsfähigkeit einzelner und der Gruppe. Die themenzentrierten Interaktion als moderative Grundhaltung und Handwerkszeug geht ja davon aus, dass niemand in der Runde dort zufällig sitzt, sondern deshalb, weil er etwas zur Lösung, zum Ergebnis, zur Zielerreichung beitragen kann. Das Arbeitsergebnis wird also umso tragfähiger, je ungestörter die relevanten Gruppenmitglieder etwas dazu beitragen können. Aus genau diesem Grund haben ja Störungen Vorrang, weil sie ohnehin verhindern, dass sich alle am Arbeitsprozess beteiligen können. Die *Themenzentrierte Interaktion* (*TZI*) bemüht sich deshalb sehr darum, alle Teilnehmenden ins Boot zu holen; neben dem Thema stehen also ebenso das „Ich" (jeder Einzelne) wie das „Wir" (der Gruppenprozess) im Fokus.

Zwar sind mit einem Vorgehen nach *TZI* auch Möglichkeiten verbunden, konstruktiv auf die Entstehung von Konflikten bzw. auf einen hilfreichen Umgang mit bereits virulenten Konflikten einzuwirken, wie im Folgenden noch erklärt werden wird. Dennoch sollte es nicht Ziel sein, sich die Konflikte quasi ins Haus zu holen. Es gibt daher im Vorfeld von Netzwerkmoderationen einiges, was sich tun lässt, um es gar nicht erst zu einer Situation kommen zu lassen, die dem/der Moderator(in) in der Moderation zu entgleiten droht. Erste Hinweise auf Konflikte, die während des Treffens virulent werden können, gibt bereits die *Netzwerkkarte* mit ihrer Möglichkeit, bestehende konflikthafte Beziehungen mit einem Blitzsymbol zu visualisieren. Die Antizipation von Konfliktsituationen sollte Thema bei der Vorbesprechung des Treffens mit dem/r Klienten/in sein. Der/Die Klient(in) muss sich darüber im Klaren sein, dass im Falle der Mobilisierung informeller sozialer Unterstützung die Kehrseite der Medaille soziale Kontrolle heißt. Werden Menschen gebeten, sich einzumischen, fühlen sie sich dazu natürlich auch aufgerufen und berechtigt. Das muss sich nicht immer nur angenehm anfühlen, soll im Rahmen der *Ressourcenorientierten Netzwerkmoderation* aber bewusst zur Zielerreichung genutzt werden.

Aus diesem Grund stellt die Netzwerkmoderation auch kein niedrigschwelliges Instrument dar. Wer in der Lage ist, seine Probleme zu lösen bzw. seine Ziele zu erreichen, indem er einzelne Bezugspersonen gezielt um Unterstützung bittet, sollte sich überlegen, ob er das Mehr an sozialer Kontrolle, das eine Netzwerkmoderation bedeutet, tatsächlich in Kauf nehmen möchte. Im Einzelkontakt lässt sich viel achtsamer auf die Passung zwischen Unterstützungsbedarf und Unterstützungsangebot achten, auf die Anpassung der Hilfe an die eigene Veröffentlichungsbereitschaft sowie auf die Balance zwischen Geben und Nehmen. Deshalb ist der erste Schritt in der Netzwerkaktivierung in der Regel die Arbeit mit der *Ressourcentreppe* aus der *Ressourcenorientierten Beratung* (s. Kap. 7.4).

Doch nicht alle Ziele lassen sich auf diese Weise erreichen. Manchmal ist es nötig, erheblich mehr Ressourcen zu mobilisieren, um erfolgreich eine Veränderung herbeizuführen. Wenn Sozialpädagog(inn)en in der Arbeit mit ihren Klient(inn)en an einem Punkt sind, wo bereits viel versucht wurde – auch mit fachlichen Unterstützung –, letztendlich aber wenig erreicht wurde, dann bietet sich die *Ressourcenorientierte Netzwerkmoderation* als ein machtvolles Empowerment-Werkzeug an, dessen Chancen gegenüber den Risiken bei Weitem überwiegen. Geht es beispielsweise um hohe gesundheitliche Risiken oder Kindeswohlgefährdung, um drohende Kindesherausnahme aus der Familie im Falle eines Verharrens in den alten Strukturen, ist die mit einem solchen Vorgehen verbundene erhöhte soziale Kontrolle nicht nur hinzunehmen, sie ist sogar notwendig und zielführend – und gegenüber den drohenden Konsequenzen eines Scheiterns allemal das kleinere Übel.

Wichtig ist aber, dass den Betreffenden klar ist, was ein Zusammenholen ihres Netzwerkes im Positiven wie im Negativen für sie bedeutet. Für jedes Netzwerkmitglied, das als mögliche(r) Teilnehmer(in) der Moderation benannt wird, sollte mit dem/der Klient(in) daher besprochen werden, ob er/sie möchte, dass die- oder derjenige so viel erfährt, ob eine Einmischung durch die genannte Person aushaltbar ist und ob Konflikte vorhanden sind, die die Moderation scheitern lassen können. Sind Konflikte zwischen dem/der Klienten/in und eingeladenen Netzwerkmitgliedern absehbar, können sie möglicherweise im Vorfeld geklärt werden, so dass die betreffende Person oder die betreffenden Personen dennoch teilnehmen können. Familienhelfer(in) können ein Vorab-Gespräch zu dritt anbieten, das nacheinander drei verschiedene Phasen durchläuft. Deren Beschreibung wurde im Wesentlichen Friedrich (2010a, S. 95 f.) entnommen.

8.1 Die Phasen der Konfliktklärung

Das diesem Buch zugrundeliegende Verständnis von Klärungshilfe beruht auf den Modellen von Alexander Redlich (Redlich 2009) und Christoph Thomann (Thomann 1998).

Menschen, die sich in einem Konflikt befinden, kommunizieren gestört. Sie hören einander nicht zu, fühlen sich angegriffen und greifen an, fühlen sich falsch verstanden und können den anderen nicht verstehen, fühlen sich verletzt und verletzen wiederum selbst. Klärungshilfe hingegen ist ein entzerrter, verlangsamter Dialog zwischen zwei Konfliktpartnern, der es ermöglicht, dass beide Seiten einander wirklich zuhören. Dabei geht es darum, die subjektiven Sichtweisen der Konfliktpartner zu verstehen. Dazu führt der/die Klärungshelfer(in) mit jedem/r Einzelnen ein Gespräch darüber, was er/sie über die Situation denkt – wie der Konflikt entstanden ist, wie er sich auswirkt etc.. Indem er/sie solange zuhört und nachfragt, bis er/sie eine Sichtweise wirklich verstanden hat, ermöglichen er/sie auch dem jeweiligen Konfliktpartner ein erstes Verstehen des Kontrahenten.

Anschließend findet eine Art verlangsamter und dadurch vertiefter Streitdialog statt. Er hat das Ziel, die beiden Konfliktpartner von ihren Positionen zu ihren Hintergrundbedürfnissen zu leiten. Positionen sind meist starr und unverrückbar, sie sind oft als Anschuldigungen oder Abwertungen formuliert (also als Du-Botschaften); Hintergrundbedürfnisse hingegen zeigen, *warum* jemand so stark reagiert – beispielsweise weil sein Bedürfnis nach Schutz nicht erfüllt ist. Hintergrundbedürfnisse sind als Ich-Botschaften formuliert. Hilfreich zum Verständnis der Dynamik von Konflikten und gelingender Konfliktklärung ist das *Kern-Schale-Modell* von Samuel Widmer (nach Thomann 1998, S. 167).

Konflikte machen ein sozial angepasstes Verhalten unmöglich, da sie starke Abwehrgefühle und auch ein entsprechend abwehrendes Verhalten auslösen. Durch diese Abwehr sollen die Weh-Gefühle, also Trauer, Angst, Schuld, Scham etc., geschützt werden. Erst auf der Ebene der Weh-Gefühle ist aber Begegnen und Verstehen im Konflikt möglich, da beide Seiten erkennen, dass nicht nur sie allein Leidtragende des Konfliktes sind. Die Weh-Gefühle zeigen, wie verletzt jemand ist und welche Hintergrundbedürfnisse nicht befriedigt sind. In der Klärungshilfe können diese Hintergrundbedürfnisse jetzt gespürt und mit Unterstützung des/r Klärungshelfers/in formuliert werden. Konfliktklärung muss also den Umweg über die Weh-Gefühle gehen, um den Kontrahenten zu helfen, in die Anpassungsschicht

Abb. 8.1 *Kern-Schale-Modell* nach Samuel Widmer (1989, in Thomann 1998, S. 167)

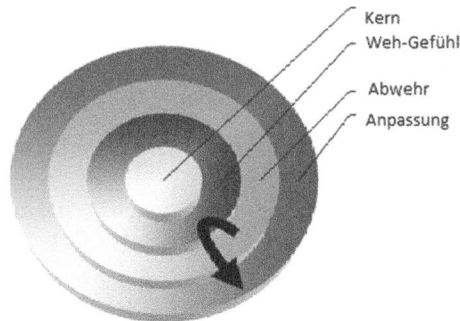

zurückkehren zu können, in der sich unser tägliches Miteinander abspielt. Durch *aktives Zuhören* und Nachfragen leitet der/die Klärungshelfer(in) darum die beiden Konfliktpartner von den Abwehrgefühlen zu den Weh-Gefühlen und damit von den festgefahrenen Positionen zu den Hintergrundbedürfnissen (Abb. 8.1).

Im verlangsamten und vertieften Streitdialog gibt es mindestens zwei Typen hilfreicher Fragen, die zur Anwendung kommen können: Fragen, die helfen, sich in den/die Konfliktpartner(in) einzufühlen – *Was haben Sie von dem verstanden, was Ihre Tochter gesagt hat?* (sich gegenseitig aktiv zuhören) – und Fragen, die helfen, Zugang zu den eigenen Gefühlen zu bekommen: *Und wie reagieren Sie auf das, was Sie nun gehört haben?*

Nachdem beide Konfliktpartner einander durch die Anwesenheit eines/r Klärungshelfers/in einmal wirklich zugehört haben und verstanden haben, wie es dem/r anderen jeweils im Konflikt geht, ist es oft möglich, gemeinsame Lösungen auszuhandeln: *Und wie wollen Sie jetzt in der Zukunft damit umgehen?* Dabei können die Kontrahenten wieder direkt miteinander kommunizieren, ohne den Umweg über den/die Klärungshelfer(in) zu gehen. Kann keine Lösung gefunden werden, hat es eine entlastende Wirkung für die Konfliktpartner, ihnen ihren Konflikt zu erklären, ihn also in Modelle (zwischen)menschlichen Verhaltens einzuordnen und damit verstehbar zu machen. Hilfreiche Konflikterklärungsmodelle sind dabei systemisch, verzichten also bewusst auf Schuldzuweisungen bzw. Täter- und Opferrolle. Geeignet sind unter anderem die kommunikationspsychologischen Modelle nach Schulz von Thun (*Teufelskreislauf, Nachrichtenquadrat* etc. 1996), das *Riemann-Thomann-Kreuz* (Thomann 1998, S. 220 ff.) oder auch das Modell der verschiedenen Ich-Zustände aus der Transaktionsanalyse (Schulz von Thun 1996). An dieser Stelle folgt abschließend eine Übersicht über die drei Phasen der Konfliktklärung nach Thomann (1998, S. 22) (Abb. 8.2).

Abb. 8.2 Die drei Phasen der Konfliktklärung. Nach Thomann (1998, S. 22)

Bei absehbaren Konflikten zwischen zwei Netzwerkmitgliedern ist es vermutlich der einfachere Weg, nicht beide gleichzeitig in die Netzwerkmoderation einzuladen, sondern sich für einen von beiden zu entscheiden und gegebenenfalls den anderen im Einzelkontakt als Unterstützer zu gewinnen und einzuplanen. Aber natürlich ist auch hier eine Vorab-Klärung möglich, wenn sich die Beteiligten darauf einlassen. Die Art der Einladung der Netzwerkmitglieder (s. Kap. 7.6), bei der Ziel und Charakter des Treffens transparent gemacht werden, trägt ebenfalls dazu bei, kleinere Konflikte zu entschärfen, die durch die Erwartungshaltung, es ginge um einen Klärungsprozess, entstehen können.

8.2 Konflikte während der Moderation

Können nun trotzdem noch Konflikte während der Moderation auftauchen und diese so stören, dass sie nicht mehr weitergeführt werden kann? Im ungünstigsten Fall kann das passieren und es ist gut, diese Möglichkeit nicht als Katastrophe oder als Versagen zu erleben oder zu kommunizieren. Vielmehr sollte in einem solchen Fall die Bereitschaft aller Beteiligten, überhaupt zu dem Treffen gekommen zu sein, sowie das bisher Geleistete gewürdigt werden und die Hoffnung ausgesprochen werden, dass es in näherer Zukunft zu einem erneuten Versuch eines moderierten Treffens kommen könnte – vielleicht nach einem erfolgreichen Konfliktklärungsgespräch oder in anderer Besetzung. Wichtig ist auch, dass das Scheitern einer Netzwerkmoderation nicht das Ende der Netzwerk- und Ressourcenarbeit bedeutet, da es ja auch Möglichkeiten und Methoden gibt, diese in einem anderen Rahmen weiterzuführen (z. B. mit Hilfe der *Ressourcenorientierten Beratung*, s. Kap. 7.4). Doch ein Abbruch der Moderation stellt ohnehin nur den allerletzten Schritt dar, zuvor gibt es mehrere Möglichkeiten, zu reagieren und den aufkeimenden Konflikt zu entschärfen.

Die moderative Grundhaltung der Allparteilichkeit sorgt zusammen mit den Leitlinien und dem praktischen Handwerkszeug der *Themenzentrierten Interak-*

tion, die quasi einen Kompass für angemessenes Moderatorenverhalten darstellen, für die Arbeitsfähigkeit der Gruppe und entschärft kleinere Konflikte bzw. lässt sie nicht so virulent werden. Wer sich gesehen und verstanden fühlt, wird weniger geneigt sein, einen Konflikt auszutragen!

Konflikte verhindern wie gesagt, dass sich alle Beteiligten konstruktiv an der Problemlösung beteiligen. Sie können innerlich oder äußerlich ausgetragen werden. Menschen reagieren dabei sehr unterschiedlich. Sichtbar verbal-aggressives Verhalten oder ein Verlassen des Raumes sind leicht zu identifizieren. Schwieriger ist es hingegen zu erkennen, ob jemand in die „innere Kündigung" geht, sich also aus dem Gruppengeschehen ausklinkt, ohne das als „Störung" anzumelden. Moderator(inn)en brauchen daher ein feines Gespür dafür, ob alle noch mit dabei sind und sollten sich im Zweifelsfall dessen durch direkte Ansprache versichern.

Unabhängig von der gezeigten Konfliktreaktion gilt: Sollten einzelne Gruppenmitglieder untereinander während der Moderation einen Konflikt austragen, helfen oftmals Methoden der Konflikt- und Beziehungsklärung (siehe oben) als Minimalinterventionen. Das bedeutet, kurz erst dem Einen, dann der Anderen aktiv zuzuhören und den emotionalen Kern als Bedürfnis (formuliert als Ich-Botschaft) zu spiegeln. So wird den Kontrahenten ermöglicht, die/den Anderen als Mensch zu erkennen, der das Bedürfnis hat, sich vor Verletzungen zu schützen. Im besten Fall kann danach zum eigentlichen Thema zurückgekehrt werden. Eine länger andauernde Klärungsphase ist aber den übrigen Gruppenmitgliedern nicht zuzumuten. Diese stellen schließlich ihre kostbare Zeit zur Verfügung, um Unterstützungsressourcen zu mobilisieren und dürfen nicht das Gefühl haben, dass sie fehl am Platze sind. Auch für die unmittelbaren Konfliktbeteiligten macht es mehr Sinn, die Klärung in einen kleineren und damit geschützteren Rahmen auszulagern. Wenn sich ein Konflikt also nicht innerhalb weniger Minuten im Gruppensetting klären lässt, kann den Kontrahenten angeboten werden, eine Klärung zu einem späteren Zeitpunkt in einem anderen Rahmen stattfinden zu lassen, am besten professionell begleitet durch den/die Familienhelfer(in) als Klärungshelfer(in). Lassen sich beide darauf ein und nehmen sich selber als weiterhin arbeitsfähig wahr, kann die Moderation weitergeführt werden. Wird das Angebot abgelehnt und die Arbeitsfähigkeit verneint, muss das Treffen im schlechtesten Fall, wie bereits weiter oben beschrieben, abgebrochen werden. Das ist zumindest dann unweigerlich der Fall, wenn einer der beiden Kontrahenten der/die Klient(in) ist, ohne den/die kein Treffen stattfinden darf. Entscheidet sich hingegen ein Netzwerkmitglied, das Treffen wegen eines Konfliktes, der nicht vor Ort geklärt werden kann, zu verlassen, besteht grundsätzlich die Möglichkeit, die Moderation mit den verbleibenden Grup-

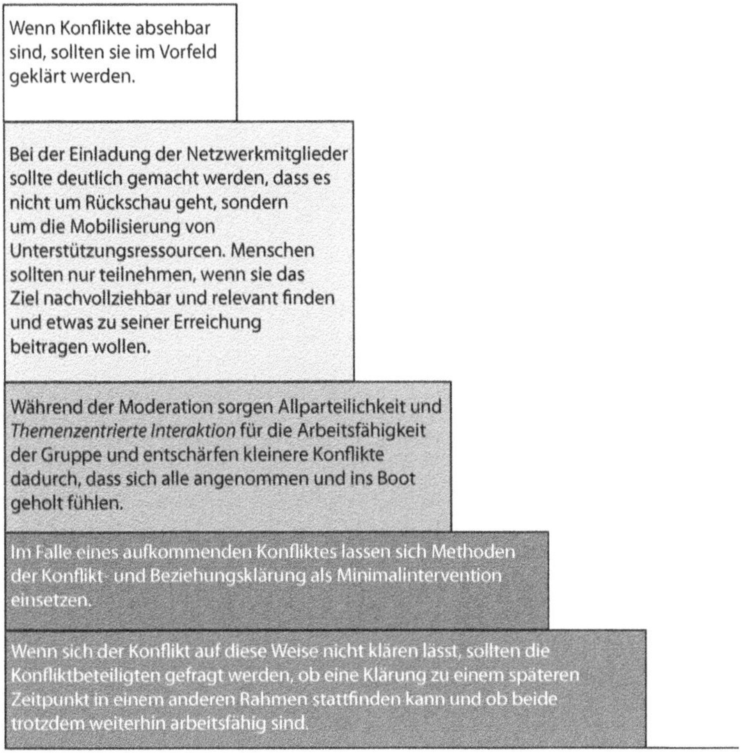

> Wenn Konflikte absehbar sind, sollten sie im Vorfeld geklärt werden.
>
> Bei der Einladung der Netzwerkmitglieder sollte deutlich gemacht werden, dass es nicht um Rückschau geht, sondern um die Mobilisierung von Unterstützungsressourcen. Menschen sollten nur teilnehmen, wenn sie das Ziel nachvollziehbar und relevant finden und etwas zu seiner Erreichung beitragen wollen.
>
> Während der Moderation sorgen Allparteilichkeit und *Themenzentrierte Interaktion* für die Arbeitsfähigkeit der Gruppe und entschärfen kleinere Konflikte dadurch, dass sich alle angenommen und ins Boot geholt fühlen.
>
> Im Falle eines aufkommenden Konfliktes lassen sich Methoden der Konflikt- und Beziehungsklärung als Minimalintervention einsetzen.
>
> Wenn sich der Konflikt auf diese Weise nicht klären lässt, sollten die Konfliktbeteiligten gefragt werden, ob eine Klärung zu einem späteren Zeitpunkt in einem anderen Rahmen stattfinden kann und ob beide trotzdem weiterhin arbeitsfähig sind.

Abb. 8.3 Der abgestufte Umgang mit Konflikten im Rahmen von Moderationen.

penmitgliedern fortzuführen, wenn sich die Gruppe dazu in der Lage fühlt, also weiterhin bzw. wieder arbeitsfähig ist.

8.3 Das Stufenverfahren zum Umgang mit Konflikten

Der besseren Übersicht halber folgt nun noch einmal eine Auflistung des abgestuften Verfahrens zum Umgang mit Konflikten im Rahmen der *Ressourcenorientierten Netzwerkmoderation* (Abb. 8.3).

9 Wer macht was? – Zur Rollenaufteilung während eines ressourcenorientierten Prozesses

Familienhelfer(in) – bzw. Bezugsbetreuer(in), im Folgenden wird aber der Einfachheit halber immer vom Familienhelfer gesprochen – und Moderator(in) sind nicht identisch. Um Allparteilichkeit und Prozessverantwortung nicht zu gefährden, übernimmt, wenn möglich, nicht der/die Familienhelfer(in) selber die Moderation, sondern ein(e) methodisch geschulte(r) Kollege/in. Daher gibt es nach der Vorbereitungsphase eine Übergabe des Falles an die/den Moderator(in). Bei dieser Übergabe sollten mindestens die folgenden Informationen fließen bzw. die folgenden Fragen geklärt werden:

- Wie sieht die Familienkonstellation aus und um wen aus der Familie soll es gehen?
- Was ist das Problem und das damit verbundene Hauptziel für die Moderation? Erfüllt es die Kriterien für eine Netzwerkmoderation, das heißt, ist es relevant und nachvollziehbar und müssen alle Netzwerkmitglieder zu seiner Lösung an einem Strang ziehen (s. Kap. 7.5)?
- Welches sind die bereits herausgearbeiteten Unterziele?
- Wer aus dem Netzwerk soll eingeladen werden und wer aus welchen Gründen nicht?
- Wer stellt in der Moderation die Vorarbeit vor (Unterziele, *Ressourcenkarte*, Zuordnung der Ressourcen zu den Unterzielen)?

Möglichst gemeinsam bereiten Familienhelfer(in) und Moderator(in) dann das Treffen vor, erstellen also einen konkreten Plan für den Ablauf der Netzwerkmoderation inklusive eines Zeitplanes. Denkbar ist ebenfalls bei knappen zeitlichen

Ressourcen, dass die Vorbereitung von dem/der Moderator(in) alleine übernommen wird. In jedem Fall ist dabei weiterhin zu bedenken:
- der Methoden-, Material- und Medieneinsatz:
    - Wird der Phasenablauf der *Ressourcenorientierten Netzwerkmoderation* inklusive aller vorgeschlagenen Methoden beibehalten oder muss er variiert/angepasst werden?
    - Welche genaue Wortwahl wird an Schlüsselstellen im Prozess verwendet, also vor allem bei der Erklärungen von Arbeitsaufträgen an die Gruppe?
    - Welche Materialen (z. B. Moderationskarten, Stifte) werden gebraucht?
    - Sind Flipchartständer und Moderationswand vorhanden oder wodurch können sie kompensiert werden?
    - Welche Visualisierungen sollten vorab schon erstellt werden (Ablaufplan, Schema des Handlungsplanes, evtl. Begrüßungsplakat etc.)?
- die Raumwahl und -gestaltung, insbesondere die Sitzordnung und die Entscheidung, ob Tische genutzt werden sollen und es ein Angebot an Getränken oder Obst, Süßigkeiten oder ähnlichem gibt,
- die Einstellung auf die besonderen Bedürfnisse der erwarteten Gruppe:
Sind Konflikte zu erwarten?
    - Wie hoch wird die Bereitschaft der Gruppenmitglieder eingeschätzt, sich aktiv einzubringen?
    - Sind Kinder dabei? Wie können sie gut einbezogen werden, ohne sie zu überfordern?
    - Wie kann der Charakter der Ressourcenorientierung in der Moderation gelebt und vermittelt werden? Welche Übersetzungen braucht es in die Sprache der Klient(inn)en?

Nach jedem moderierten Treffen sollten sich Familienhelfer(in) und Moderator(in) erneut zusammensetzen, die Moderation nachbesprechen und das interne *Dokumentationsblatt* ausfüllen (siehe Anhang).

In Ausnahmefällen, in denen die Akzeptanz für eine weitere fremde Fachkraft nicht vorhanden ist, kann es durchaus sinnvoll sein, wenn der/die Betreuer(in) die Moderation übernimmt. Er/Sie sollte sich dann aber im Vorfeld Gedanken darüber machen, wie trotz der doppelten Rolle Allparteilichkeit und Prozessverantwortung möglichst gut gewährleistet werden können. Das ist sicher nicht unmöglich, erfordert aber etwas Übung und eine innere Klarheit und äußere Transparenz im Vorgehen.

Neben Familienhelfer(in) und Moderator(in) haben auch Klient(in) und Netzwerkmitglieder Aufgaben bzw. Verantwortungsbereiche vor, während oder nach der Moderation. Die folgende Tabelle gibt eine Übersicht über die Aufgabenverteilung im gesamten Prozess (Tab. 9.1).

Tab. 9.1 Rollenaufteilung bei der Ressourcenorientierten Netzwerkmoderation

Familienhelfer(in)	Moderator(in)	Klient(in)	Netzwerkmitglieder
Netzwerkkarte (Unterstützungskarte)		Netzwerkkarte (Unterstützungskarte)	
Ressourcenkarte		Ressourcenkarte	
Zielkonkretisierung		Zielkonkretisierung	
moderiert		evtl. Konfliktklärung	evtl. Konfliktklärung
Einladung der Netzwerkmitglieder		Einladung der Netzwerkmitglieder	
Vorbereitung der Moderation	Vorbereitung der Moderation		
	Begrüßung & Grund des Treffens	Begrüßung & Grund des Treffens	
Vorstellung der Ressourcenkarte	moderiert	Vorstellung der Ressourcenkarte	
	moderiert		Ergänzung der klienteneigenen Ressourcen
	moderiert		Sammlung eigener Ressourcen
Entwicklung eines Handlungsplanes	moderiert	Entwicklung eines Handlungsplanes	Entwicklung eines Handlungsplanes
Absprachen treffen zum weiteren Vorgehen	moderiert	Absprachen treffen zum weiteren Vorgehen	Absprachen treffen zum weiteren Vorgehen
internes Dokumentationsblatt	internes Dokumentationsblatt		
	Dokumentation erstellen & an alle verschicken		
moderiert		evtl. Konfliktklärung	evtl. Konfliktklärung
Umsetzung in den Alltag überprüfen und ggf. weitere Treffen planen			
weitere Netzwerk- und Ressourcenarbeit		weitere Netzwerk- und Ressourcenarbeit	

10 Die fünf Phasen der Ressourcenorientierten Netzwerkmoderation

10.1 Phase I: Einführung – Wer ist hier?

Einführung und Abschlussphase umrahmen das moderierte Treffen. Während die Einführung dem Ankommen der Gruppe in diesem besonderen Setting dient, stellt die Abschlussphase die Verbindung zur „Welt da draußen" her, zum Alltag, in den das Erarbeitete nun einfließen soll. Für die Einführung sollten etwa 10 min. eingeplant werden. Im Detail werden in dieser Phase folgende Punkte befolgt:

Phase I	Einführung – Wer ist hier?	10 min.
Phase II	Ressourcensammlung – Was bringen wir mit?	25–40 min.
Phase III	Handlungsplan – Worauf einigen wir uns?	25–40 min.
Phase IV	Risikocheck – Was kann schief gehen und was tun wir dann?	20 min.
Phase V	Abschluss – Wie geht es weiter?	10 min.

10.1.1 Begrüßung

Die Moderation beginnt mit einer Begrüßung von Seiten des/r Moderators/in. Dabei wird den Teilnehmenden ausdrücklich für ihr Kommen und die damit verbundene Bereitschaft gedankt, den/die Klienten/in zu unterstützen und sich aktiv am Lösungsprozess zu beteiligen. Selbstverständlich können Begrüßung und Würdigung auch von dem/der Klienten/in selber übernommen werden.

In diesen Abschnitt fließen Gedanken ein, die bereits in Friedrich (2010a, S. 96 ff.) in ähnlichem Wortlaut formuliert wurden.

Hauptziel				
Ein drogenfreies Leben führen				
Unterziele Was wollen wir erreichen?	Ressourcen Was steht uns dafür alles zur Verfügung?		Vereinbarung Wer macht was bis wann?	Krisenplan Was kann schief gehen und was tun wir dann?
Katja will abnehmen	Familie und Freunde, Humor, kämpfen und starker Wille			
Katja will clean sein	Nachdenken und kämpfen, mich auf etwas einlassen, ehrlich, schon mal geschafft, klug, starker Wille, einsichtig, ehrlich, Hilfe annehmen, Familie und Freunde			
Und sich von der Clique lösen	fröhlich, kontaktfreudig, Gitarre spielen, Familie und Freunde, in der Schule mitkommen			

Abb. 10.1 Handlungsplan mit Unterzielen

10.1.2 Warum sind wir hier?

Wichtig ist, gleich zu Beginn den Grund des Zusammentreffens noch einmal explizit zu benennen. Zwar sind alle Teilnehmenden bereits bei der Einladung zu diesem Treffen über sein Ziel informiert worden, dennoch ist es gut, Grund und Ziel die ganze Zeit vor Augen zu haben. Am besten hängt das Rohschema des noch zu erarbeitenden Handlungsplanes, in den das Ziel mit seinen Unterzielen bereits vorab eingetragen wurde, das gesamte Treffen über gut sichtbar im Raum. Die folgende Abbildung veranschaulicht beispielhaft diesen Gedanken (Abb. 10.1).

Der/Die Klient(in) wird gebeten, einen kurzen Aktualitätscheck vorzunehmen: Sind die Unterziele für ihn oder sie weiterhin aktuell oder haben sie sich seit ihrer Formulierung verändert? Sollte dies der Fall sein, werden die Ziele an dieser Stelle auf dem Handlungsplan aktualisiert, so dass sie für alle sichtbar sind.

10.1.3 Vorstellungsrunde

Es folgt eine Vorstellungs- und Befindlichkeitsrunde, bei der jeder kurz die Gelegenheit erhält, zu benennen, was ihm wichtig ist, bevor die eigentliche Arbeit beginnt. Als Frage bietet sich an: *Als Sie sich heute hierher auf den Weg gemacht haben, was ging Ihnen da durch den Kopf?* Hoffnungen, Befürchtungen, Bedingungen, Klarstellungen und ähnliches können geäußert werden, ohne dass es eine Sichtweisenrunde (*Wie sehe ich das Problem und seine Entstehung?*) wird.

10.1.4 Vorstellung des Ablaufs

Ebenfalls in die Einführungsphase gehört die Vorstellung des Vorgehens – am besten anhand eines die ganze Zeit über sichtbaren Ablaufplans mit seinen Zeiten und eventuellen Pausen – sowie die Erklärung der Moderatorenrolle, die eine Prozessverantwortung ohne inhaltliche Einmischung bedeutet.

10.2 Phase II: Ressourcensammlung – Was bringen wir mit?

Diese Phase, die mit 25–40 min eingeplant wird (je nach Gesamtlänge des Treffens), gibt der Netzwerkmoderation ihren ressourcenorientierten Charakter. Sie ist also quasi das Herzstück des gesamten Vorgehens. Sie macht den Unterschied aus zur herkömmlichen Moderation mit ihren vertrauten Problemlöseprozessen, die wahrscheinlich auch von den Klient(inn)en erwartet werden. Aus diesem Grund wird der/die Moderator(in) vermutlich in der Runde für diese Phase erst einmal werben müssen.

Es geht vor allem darum, den Anwesenden das Prinzip des Lösungsaufschubes zu vermitteln. Für die Gruppe wird es vielleicht zunächst ungewohnt sein, dass nicht sofort mit der Suche nach Lösungen und der Erstellung eines Handlungsplanes begonnen wird. Vielmehr wird sich zu Beginn Zeit genommen, die Ressourcen aller Anwesenden zu explorieren. In der Gruppe könnte sich Unverständnis und Unmut breit machen; sich jetzt einem scheinbar abseitigem Thema wie den Stärken des/der Klienten/in widmen zu sollen, kommt für viele überraschend und ist oftmals nicht sofort nachvollziehbar. *Wieso sprechen wir jetzt über Katjas Stärken? Wenn sie davon so viele hätte, säßen wir ja wohl jetzt nicht hier!* ist eine durchaus nachvollziehbare Reaktion.

Es ist daher wichtig, in einfachen Worten den Sinn des Vorgehens zu erklären: *Katja[1] hat das Ziel, von den Drogen wegzukommen. Das ist nicht leicht zu erreichen. Sie wird dafür alles brauchen, was ihr zur Verfügung steht. Deshalb haben wir bereits im Vorfeld erarbeitet, was Katja selbst sieht, was sie dafür alles mitbringt. Das stellen wir Ihnen gleich vor. Dann ergänzen Sie, was Sie denken, was Katja an Stärken aufweist bzw. welche Kraftquellen ihr zur Verfügung stehen. Anschließend sammeln wir, was Sie selbst alles mitbringen, was vielleicht eine Unterstützung für Katja sein könnte, ihr Ziel zu erreichen. Und in einem letzten Schritt erstellen wir dann – aufbauend auf all dem, was wir zusammen getragen haben – einen konkreten Plan.* Es kann notwendig sein, diese Erklärung im Laufe des Moderationsprozesses zu wiederho-

---

[1] Das fiktive Fallbeispiel von *Katja* findet sich zum Nachlesen im Anhang.

len. Wichtig ist, dass die Gruppe dem/der Moderator(in) in einem Punkt vertraut, nämlich, dass er/sie die Lösungsfindung nicht aus den Augen verlieren. Dabei helfen Sätze wie: *Das, was wir jetzt an Zeit zusätzlich brauchen, holen wir später wieder raus: Wir ersparen uns damit Extrarunden und Frustration. Wir tragen jetzt alles zusammen, was Ihnen an Kraftquellen zur Verfügung steht, um dann aus dem Vollen schöpfen zu können. Damit wird die Lösung passgenauer, individueller, effektiver und nachhaltiger. Wir vermeiden damit, altbekannte, ineffektive Pfade zu betreten und gegen die Wand zu rennen.* Um dieses Versprechen einlösen zu können, ist es für den/die Moderator(in) äußerst wichtig, die Zeit im Auge zu behalten. Insbesondere die Vorstellung und Ergänzung der klienteneigenen Ressourcen sollte darum von Vornherein zeitlich begrenzt werden.

10.2.1 Vorstellung der klienteneigenen Ressourcen

Die Phase II, also die Ressourcensammlung, beginnt mit der Vorstellung der im Vorfeld gemeinsam mit dem/der Klienten/in erstellten *Ressourcenkarte*. Es ist wichtig, dass vor der Moderation abgesprochen wird, ob der/die Klient(in) selber ihre Karte vorstellen wird oder möchte, dass dies von ihrem/r Betreuer(in) übernommen wird. In jedem Fall wird die Karte als Sichtweise des/r Betroffenen akzeptiert und nicht in der Runde diskutiert!

Das Vorstellen der klienteneigenen Ressourcen verfolgt zwei Ziele: Es stärkt die/den Betroffene(n) und dient dem Kontakt auf Augenhöhe – umso mehr, wenn sie noch durch die Anwesenden ergänzt werden. Für viele Menschen ist es nicht einfach, sich so hilfebedürftig zu zeigen und eigene Probleme im Familien- und Freundeskreis zu veröffentlichen. Die Situation lässt sich für sie besser aushalten, wenn sie sich als ganze Person gesehen fühlen, nicht reduziert auf ihre Schwächen und Schwierigkeiten, sondern mit dem Fokus auf dem, was ihnen gut gelingt im Leben oder was sie an sich mögen. Dazu dient die *Ressourcenkarte*.

Die Vorstellung der als Vorbereitung auf das Treffen erstellten Karte zeigt dem Netzwerk aber auch, dass der/die Klient(in) selber bereit ist, alles einzubringen, was ihm/ihr zur Verfügung steht, um das Ziel zu erreichen. Dadurch ist die Gefahr gemindert, dass die Netzwerkmitglieder den Eindruck erhalten, sie alleine sollen aktiv werden und das Problem lösen, während der/die Klient(in) sich zurücklehnt – ein Gefühl, dass die Unterstützungsbereitschaft deutlich mindern kann. Dadurch, dass die Netzwerkmitglieder bei diesem Treffen in der Überzahl sind, ist es trotzdem auch im weiteren Verlauf nicht auszuschließen, dass eine Dynamik entsteht, die den/die Klienten/in in die Passivität drängt. Es ist daher Moderatorenaufgabe, während des gesamten Prozesses auf eine gute Balance zwischen Klienten- und Netzwerkaktivität zu achten.

10.2.2 Ergänzung der Ressourcen des/r Klienten/in durch die Netzwerkmitglieder

In einem nächsten Schritt wird die Gruppe aufgefordert, die vorgestellten Ressourcen noch zu ergänzen: *Das ist ja bereits eine ganze Menge. Vielleicht fallen Ihnen trotzdem noch weitere Stärken und Fähigkeiten ein, die Katja mitbringt, die hier noch gar nicht stehen. Sie kennen sie ja am besten.* Jede Nennung ist erwünscht und muss nicht von allen Anwesenden geteilt werden! Nicht nur als Problemfall zu gelten, sondern auch mit seinen Stärken gesehen zu werden, ist für die Betroffenen in der Regel sehr wohltuend. Für Jugendliche ist es besonders wichtig, von ihren Eltern positive Zuschreibungen zu hören. Das kann eine große Wirkung haben, gerade wenn die Eltern-Kind-Beziehung sich in der letzten Zeit so entwickelt hat, dass das nicht mehr möglich war. Es lässt sich leicht beobachten, welchen Unterschied es ausmacht, wenn Positives ausgesprochen wird, zum Beispiel wie sich die Gesichtszüge beider Seiten dabei verändern. Insofern ist es im Falle einer Netzwerkmoderation mit Jugendlichen wünschenswert, dass die Eltern, sofern eingeladen, etwas zu der Ergänzung der klienteneigenen Ressourcen beisteuern. Der/Die Moderator(in) darf sie dazu gerne mit genau dieser Erklärung auffordern, falls zunächst nichts kommt.

Steht beispielsweise eine Drogenproblematik bei dem Treffen im Vordergrund, sind Eltern verständlicherweise in großer Sorge um ihr Kind und haben schon viel durchgemacht. Daher kommt es bei der Aufforderung, jetzt die Stärken ihres Kindes zu benennen – wo doch offensichtlich gerade vieles dramatisch schief läuft – leicht zu destruktiven Aussagen wie: „Früher war sie so hilfsbereit, gut in der Schule etc., aber heute…". Solche Aussagen können dennoch genutzt werden, und zwar indem ein *Reframing*, also eine positive Umdeutung, stattfindet. Den Beteiligten wird verdeutlicht, dass auch verschüttete, also durch das zu lösende Problem (hier also den Drogenkonsum) verdeckte Fähigkeiten und positiven Eigenschaften als Ressourcen mit aufgenommen werden können, da nicht davon auszugehen sei, dass sie gänzlich verschwunden seien. Wichtig ist auch, während der Ressourcenergänzung keine negativen Vergleiche zum Beispiel mit Geschwistern zuzulassen: *Wir sammeln, was Katja alles hat – und das ist ja eine ganze Menge – und vergleichen es nicht damit, was andere haben.*

Die Ergänzungen werden entweder auf einem separaten Blatt festgehalten oder in einer anderen Stiftfarbe in die vorgestellte *Ressourcenkarte* des/r Klienten/in hineingeschrieben. Anschließend wird der/die Klient(in) gefragt, wie es ihm oder ihr mit den positiven Zuschreibungen geht.

Zur Veranschaulichung hier das fiktive Beispiel Katjas bereits in der Runde ergänzter *Ressourcenkarte*: (Abb. 10.2)

Abb. 10.2 Katjas
Ressourcenkarte

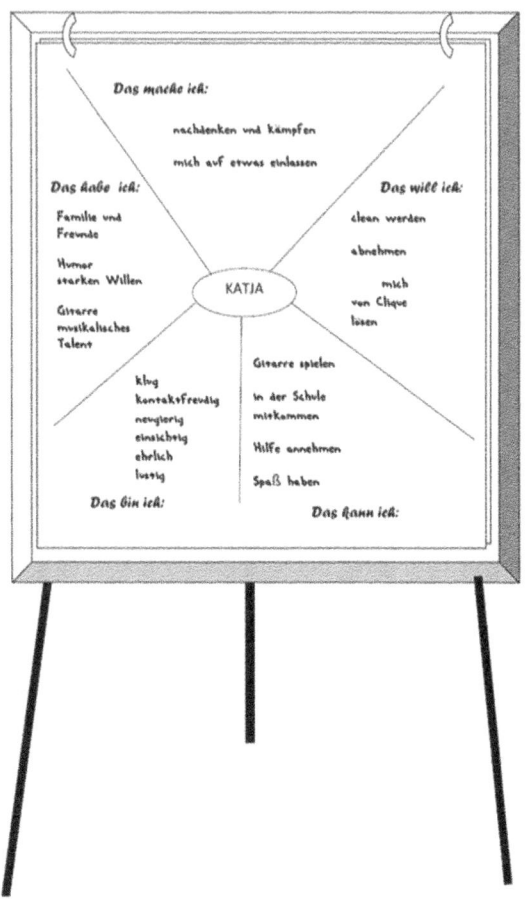

10.2.3 Erhebung der individuellen Ressourcen der teilnehmenden Netzwerkmitglieder

Nach der Vorstellung und Ergänzung der klienteneigenen Ressourcen wird der Fokus von dem/der Klienten/in weg auf die Gruppe gelenkt. *Wer bringt hier was* mit, das möglicherweise dabei helfen kann, das im Vordergrund stehende Ziel zu erreichen? Individuelle Stärken, Fähigkeiten und materielle Ressourcen der Netzwerkmitglieder können zu sozialen Ressourcen des/r Klienten/in werden, wenn die Betreffenden bereit sind, sie als Unterstützung einzusetzen. Aus diesem Grund werden die Teilnehmenden aufgefordert, ihre eigenen Ressourcen zu benennen: *Wir haben ja jetzt bereits gesammelt, was Katja selber mitbringt und bereit ist einzusetzen, um ihr Ziel zu erreichen. Das ist sehr wichtig, denn ohne Katjas Mitwirkung wird es nicht funktionieren. Alleine wird sie es aber vermutlich auch nicht schaffen, deshalb hat sie Sie ja alle eingeladen. Wir wollen deshalb herausfinden, was Ihnen als Gruppe alles zur Verfügung steht, das Katja dabei helfen könnte, ein drogenfreies Leben zu führen. Welche Fähigkeiten oder andere Ressourcen bringen Sie mit, die vielleicht eine Unterstützung für Katja sein könnten, ihr Ziel zu erreichen? Bitte denken Sie da mal einen Moment drüber nach.* Es ist wichtig, den Brainstormingcharakter und die Unverbindlichkeit zu betonen: Alles, was einem durch den Kopf geht, darf genannt werden und wird erst einmal nicht diskutiert! Die Netzwerkmitglieder müssen auch noch nicht wissen, auf welche Weise ihre Ressourcen sinnvoll zur Zielerreichung eingesetzt werden können und sie treffen an dieser Stelle auch noch keine Entscheidung, zu welchen Bedingungen bzw. ob sie überhaupt das Genannte zur Verfügung stellen wollen.

Hilfreich ist es, auf die Vielfalt von Ressourcenarten zu verweisen – beispielsweise anhand der an der Wand hängenden *Ressourcenkarte* – sowie konkrete Beispiele zu geben. Im Fall von Katja, die vor ihrer Drogensucht sehr gerne Gitarre gespielt hat, kann ein Übungsraum, den sie künftig nutzen darf, eine Ressource sein, die ihr hilft, wieder andere Interessen zu leben und an die Stelle der Drogen zu setzen. Das Wissen und die Erfahrung ihrer Familienhelferin, die bereits mit Jugendlichen mit ähnlichen Problematiken erfolgreich gearbeitet hat, kann genauso eine Ressource sein wie die Bereitschaft der Eltern, künftig gesünder zu kochen, um ihrer Tochter dabei zu helfen, nach dem Absetzen der Appetit zügelnden Drogen nicht weiter zuzunehmen. Die Ressourcen der Gruppe werden auf Moderationskarten gesammelt und anschließend in der Runde vorgestellt.

Wenn die Gruppe sich untereinander gut kennt, kann die Möglichkeit gegeben werden, die eingebrachten Ressourcen gegenseitig noch zu ergänzen, hierbei sollte aber die Zeit im Auge behalten werden. Anders als bei der Ergänzung der klienteneigenen Ressourcen steht hier ja nicht die Selbstwertstärkung der Beteiligten im Vordergrund, sondern die Identifizierung möglichst vieler nutzbarer Unterstützungsmöglichkeiten. Auch nach diesem Schritt wird der/die Klient(in) gefragt, wie es ihm oder ihr mit dem Ergebnis geht.

10.3 Phase III: Handlungsplan – Worauf einigen wir uns?

Die Erstellung eines konkreten Handlungsplans ist der Teil der Moderation, auf den die Gruppe vermutlich schon die ganze Zeit gewartet hat. Jetzt geht es endlich darum, „den Stier bei den Hörnern zu packen" und das Problem zu lösen!

Hauptziel			
Ein drogenfreies Leben			
Unterziele Was wollen wir erreichen?	**Ressourcen** Was steht uns dafür alles zur Verfügung?	Vereinbarung Wer macht was bis wann?	Krisenplan Was kann schief gehen und was tun wir dann?
Katja will abnehmen	Familie und Freunde, Humor, kämpfen, starker Wille		
Katja will clean sein	nachdenken und kämpfen, mich auf etwas einlassen, ehrlich, schon mal geschafft, klug, starker Wille, einsichtig, ehrlich, Hilfe annehmen, Familie und Freunde		
und sich von der Clique lösen	fröhlich, kontaktfreudig, Gitarre spielen, Familie und Freunde, in der Schule mitkommen		

Abb. 10.3 Mögliche Zuordnung von Ressourcen zu Unterzielen

Das Schema des Handlungsplans hängt seit Beginn des Treffens großflächig im Raum (am besten nutzen Sie dafür eine Moderationswand). Es beinhaltet eine Überschrift mit dem Hauptziel sowie die folgenden vier Spalten:

I. **Unterziele:** Was wollen wir erreichen?
II. **Ressourcen:** Was steht uns dafür alles zur Verfügung?
III. **Vereinbarung: Wer** macht **was** bis **wann**?
IV. **Krisenplan:** Was kann schiefgehen und was tun wir dann?

10.3.1 Zuordnung der Netzwerkressourcen zu den Unterzielen

Diese Zuordnung stellt erst einmal nur eine Möglichkeit dar und beinhaltet daher noch keine Vereinbarung über Ausmaß, Bedingungen oder Abbruchkriterien der Unterstützung. Eine solche konkrete Vereinbarung ist erst der nächste Schritt. Die folgende Abbildung zeigt eine mögliche Zuordnung von Ressourcen (in diesem Fall jedoch ausschließlich der klienteneigenen Ressourcen, nicht der Netzwerkressourcen) zu Unterzielen im Fall *Katja* (Abb. 10.3).

10.3.2 Treffen von Vereinbarungen

Die Zuordnung ermöglicht einen Eindruck von der Vielzahl und Vielfalt an Ressourcen, die jetzt zur konkreten Planung zur Verfügung stehen. Selbstverständlich darf bei all dem nicht aus den Augen verloren werden, dass der/die Klient(in) vor allem selbst aktiv werden und zudem die Bereitschaft mitbringen muss, sich effektiv unterstützen zu lassen. Jede Unterstützung beinhaltet ja wie gesagt auch ein gewisses Maß an sozialer Kontrolle. Ist im Netzwerk ein hohes Maß an Vertrauen vorhanden, kann diese Kontrolle positiv genutzt werden. Bringt, um bei dem obigen Fall zu bleiben, Katja beispielsweise die Bereitschaft mit, sich von ihren Eltern das Taschengeld einteilen zu lassen, um nicht in die Gefahr zu geraten, es für Drogen auszugeben, oder durch ihren Bruder die „geheimen" Verstecke in ihrem Zimmer auf Drogen kontrollieren zu lassen, kann das eine sehr wirksame Unterstützung darstellen. Unter Einbezug der vorhandenen Ressourcen trifft die Gruppe also jetzt konkrete Vereinbarungen. Damit beginnt auch die Verhandlungsphase: Jedes Netzwerkmitglied, einschließlich des/r Klienten/in, ist aufgefordert, im Austausch mit den anderen zu überlegen, was er/sie bereit ist zu welchen Bedingungen zur Zielerreichung einzubringen. Die Ressourcen werden also systematisch in die Vereinbarung „Wer macht was bis wann?" eingepflegt.

Die Aufgabe des/der Moderators/in ist hier zum einen, zur Ressourceneinbringung zu ermutigen, zum anderen aber auch darauf zu achten, dass sich niemand unter dem Druck der anderen übernimmt. Möglicherweise können nicht alle Unterziele in einem Treffen bearbeitet werden. Fehlt die Zeit zur Bearbeitung aller Ziele, ist es sinnvoller, nur eins oder wenige, diese aber dafür vollständig, also inklusive Krisenplan, zu bearbeiten, als alle Ziele nur kurz anzureißen.

10.4 Phase IV: Risikocheck – Was kann schiefgehen und was tun wir dann?

Ist erst einmal ein Handlungsplan erstellt, ist es verlockend, sich auf diesem Zwischenergebnis auszuruhen. Das erneute Hinterfragen und die damit verbundene Beschäftigung mit versteckten Risiken und Nebenwirkungen des Planes erscheinen im ersten Moment lästig und anstrengend, vielleicht sogar unnötig angesichts der bereits erfolgten Bemühungen um die Entwicklung eines tragfähigen Planes. Dagegen steht die Erfahrung, dass es ungleich mühseliger ist, sich nach einem Scheitern erneut aufzuraffen, als vorab mögliche Schwierigkeiten zu benennen und in die Lösung mit einzubeziehen. Es lohnt sich also, sich diese Mühe zu machen, um ein langfristiges Scheitern zu vermeiden. Dazu wird der Handlungsplan noch einmal genau analysiert.

10.4.1 Identifizierung von Hindernissen und Motivationselementen

Leitend bei der Identifizierung von Hindernissen im Handlungsplan sind die Fragen: *Was kann schief gehen?* und *Was tun wir dann?* Auch auf den ersten Blick noch so ausgefeilte Pläne sind selten wasserdicht; deshalb ist die Phase des Risikochecks von solch zentraler Bedeutung für das Gelingen. Weitere hilfreiche Fragen für die einzelnen Planungsschritte der Gruppe sind:

- Woran könnte es scheitern? Wie wahrscheinlich ist das? Und wie schlimm?
- Was sind unerwünschte Nebenwirkungen? Wie können Sie damit umgehen?
- Was können Sie vorbeugend tun, damit es nicht schiefläuft?
- Was können Sie tun, wenn etwas nicht optimal gelaufen ist oder Sie Ihren Plan nicht durchgeführt haben?

In der Moderation dieser Phase kann es weiterhin hilfreich sein, die Gruppe dabei zu unterstützen, den Moment zu identifizieren, an dem sich entscheidet, ob ein zuvor aufgestellter Plan auch wirklich umgesetzt wird oder nicht. Diesem kritischen Moment, der quasi den „Point of No Return" darstellt, gilt es etwas entgegen zu setzen. Sind mehrere Menschen an der Planumsetzung beteiligt, wie es in der *Ressourcenorientierten Netzwerkmoderation* der Fall ist, wird es in der Regel mehrere kritische Momente geben, die es zu identifizieren gilt. Bei der Früherkennung helfen Fragen wie: *Was sind erste Anzeichen dafür, dass es schief läuft?* und *Woran merken Sie genau, dass bereits entschieden ist, dass Sie Ihr Ziel nicht erreichen werden?* Wenn die Klient(inn)en metaphorisch gesprochen an dieser Weggabelung stehen, lohnt sich der erneute Blick auf die gesammelten Ressourcen der Beteiligten und auf die Frage, welche dieser Ressourcen mobilisiert werden können, um Schlimmeres zu verhindern. Die Ressourcenmobilisierung im Krisenfall sollte antizipiert und in den Krisenplan (s. u.) eingebaut werden.

Als sehr unterstützend hat sich auch der Einbau kleiner (Selbst-)Belohnungselemente in den Handlungsplan erwiesen. Komplexe Ziele sind oft durch einen langen Belohnungsaufschub charakterisiert. Das führt dazu, dass der Weg dorthin nicht selten als mühsam und wenig belohnend erlebt wird; die Gefahr eines Abbruchs der Bemühungen, also des Scheiterns, steigt – und das trotz hohem Veränderungsdruck und vorhandener Veränderungsbereitschaft. Der systematische Einbau zeitnaher Belohnungselemente fördert hingegen den Durchhaltecharakter. Sie zeigen dem/der Einzelnen, dass er/sie auf einem guten Weg ist. Während der Phase des Risikochecks kann die Gruppe, angeleitet durch den/die Moderator(in), den/die Klienten/in dabei unterstützen, herauszufinden, welche Art von Belohnung an welcher Stelle im Prozess hilfreich wäre, um das Ziel nicht aus den Augen zu verlieren. In der vierten Phase der *Ressourcenorientierten Netzwerkmoderation* geht es also darum, Hindernisse und Motivationselemente zu identifizieren und in den Handlungsplan einzubeziehen. Dadurch erhöht sich die Chance, dass der Plan auch wirklich umgesetzt wird, und damit wird auch das Ziel mit größerer Chance erreicht.

10.4.2 Aufstellung eines Krisenplans

Der Risikocheck soll nicht nur den Handlungsplan absichern, sondern auch den/die Klienten/in bzw. deren Kind(er) schützen. In Katjas Beispiel ist von zentraler Bedeutung, dass sich die Gruppe darüber verständigt, bis wohin sie den Versuch guten Gewissens mittragen kann, dem Mädchen allein mit engagierter Netzwerkunterstützung dabei zu helfen, von den Drogen wegzukommen. Ab wo beginnt eine Gefährdung für Psyche, Leib und Leben, der mit anderen Maßnahmen – in diesem Fall mit einem Klinikaufenthalt – begegnet werden muss? Was also sind die Abbruchkriterien, die jeder aus der Runde kennt, und wer ist in einem solchen Fall für welche Schritte zuständig bzw. verantwortlich? Die Aufstellung eines solchen Krisenplanes schafft bei allem guten Willen und notwendigem und berechtigtem Optimismus zusätzliche Sicherheit. Es ist Aufgabe des/der Moderators/in, der Gruppe diese Zusammenhänge zu erklären. Die meisten Menschen können sie leicht nachvollziehen und sich darauf einlassen. Wo es notwendig erscheint, kann selbstverständlich ein Klinikaufenthalt bereits in den Handlungsplan eingearbeitet werden, da es nicht darum geht, auf jegliche professionelle Hilfe zu verzichten. Die *Ressourcenorientierte Netzwerkmoderation* stellt keine Form der Drogentherapie dar und darf nicht als solche missverstanden werden. Sie ist vielmehr ein Empowerment-Werkzeug für Familien: Auch in dem Fall, in dem ein Klinikaufenthalt unvermeidbar ist, ist ein stützendes Netzwerk, das „an einem Strang zieht", sehr wichtig für den Heilungsprozess. Lediglich die unterstützenden Maßnahmen des informellen Netzwerkes wären andere. Bei suchterkrankten Eltern stünde zum Beispiel die Betreuung der Kinder während des Klinikaufenthaltes im Vordergrund.

Der Krisenplan sowie die Gegenmaßnahmen zu den identifizierten Hindernissen werden in die Spalte ‚Krisenplan' des an der Moderationswand visualisierten Handlungsplanes eingetragen. Die vereinbarten (Selbst-)Belohnungen werden in der Spalte ‚Vereinbarungen' nachgetragen. Anschließend darf nicht vergessen werden, den/die Klienten/in zu fragen, wie es ihm/ihr mit dem Ergebnis geht.

10.5 Phase V: Abschluss – Wie geht es weiter?

Zum Abschluss der Moderation ist es wichtig, das Geleistete zu würdigen. Außerdem werden möglichst konkrete Verabredungen bezüglich eventueller weiterer Treffen getroffen. Sollen diese moderiert oder unmoderiert ablaufen? Wer übernimmt die Planung?

Ähnlich wie zu Beginn die Begrüßungsrunde gibt es auch eine Abschlussrunde: *Wie gehen Sie jetzt hier raus? Wie zufrieden sind Sie mit Ihrem Plan?* Das gibt der Gruppe die Gelegenheit, ihre Zufriedenheit oder Unzufriedenheit mit dem Verlauf des Treffens und seinen Ergebnissen zum Ausdruck zu bringen, also im besten Fall die eigene Arbeit selber noch einmal zu würdigen.

Der in diesem Kapitel beschriebene Phasenablauf der *Ressourcenorientierten Netzwerkmoderation* findet sich hier noch einmal in einer tabellarischen Übersicht. Er ist diesem Buch außerdem im Anhang als Kopiervorlage beigelegt, so dass er als Erinnerungsstütze mit in die Moderation genommen werden kann (Tab. 10.1).

10.5 Phase V: Abschluss – Wie geht es weiter?

Tab. 10.1 Ablaufplan der Ressourcenorientierten Netzwerkmoderation

I	**Einführung – Wer ist hier?**	10 min.
	• Begrüßung der Teilnehmenden, für das Kommen danken	
	• Grund des Zusammentreffens explizit benennen und in Form des Hilfezieles sowie seiner Unterziele visualisieren.	
	• Kurze Vorstellungsrunde, ergänzt durch die Frage: *Als Sie sich heute hierher auf den Weg gemacht haben, was ging Ihnen da durch den Kopf?* o. ä.	
	• Vorstellung des Ablaufs (Zeiten, evtl. Pausen, Moderatorenrolle, Vorgehen)	
II	**Ressourcensammlung – Was bringen wir mit?**	25–40 min.
	• Vorstellung der Ressourcen des/r Klienten/in anhand der *Ressourcenkarte*	
	• Ergänzung der Ressourcen des/r Klienten/in durch die Netzwerkmitglieder: *Das ist ja bereits eine ganze Menge. Vielleicht fallen Ihnen trotzdem nach weiteren Stärken und Fähigkeiten ein, die K. mitbringt, die hier noch gar nicht stehen.*	
	• Klienten/in fragen, wie es ihm/ihr mit den positiven Zuschreibungen geht.	
	• Die Teilnehmenden auffordern, ihre eigenen Ressourcen zu benennen: *Welche Fähigkeiten oder andere Ressourcen bringen Sie mit,* (die vielleicht eine Unterstützung für den Klienten/in sein könnten, sein/ihr Ziel zu erreichen?)	
	– Sammlung auf Karten; anschließende Vorstellung in der Gruppe	
III	**Handlungsplan – Worauf einigen wir uns?**	30–40 min.
	• Zuordnung der klienteneigenen und Netzwerkressourcen zu den Unterzielen (in den Handlungsplan übertragen) nach Passung: Was davon kann nützen, die einzelnen Unterziele zu erreichen?	
	• Unter Einbeziehung der vorhandenen Ressourcen **konkrete Vereinbarungen treffen**	

Moderatorenaufgabe ist hier zum einen, zur Ressourceneinbringung zu ermutigen, zum anderen aber auch, darauf zu achten, dass sich niemand unter Druck der anderen übernimmt.

Tab. 10.1 (Fortsetzung)

IV RISIKOCHECK – WAS KANN SCHIEF GEHEN UND WAS TUN WIR DANN?	15–20 min.
• **Überprüfung des Handlungsplans** auf versteckte Risiken und mögliche Nebenwirkungen	
– Entwicklung von **Gegenmaßnahmen**	
– Identifizierung von kritischen Momenten und **Motivationselementen**	
• **Aufstellung eines Krisenplans:** Abbruchkritierien und Notfallmaßnahmen	
V ABSCHLUSS – WIE GEHT ES WEITER?	10 min.
• **Würdigung des Geleisteten**	
• **Treffen konkreter Verabredungen** zum weiteren Vorgehen:	
– Soll es weitere Treffen geben (moderiert oder unmoderiert) und wer übernimmt die Planung?	
Abschlussrunde: *Wie gehen Sie jetzt hier raus?*	

Was nach der Moderation zu tun bleibt 11

Nach einer durchgeführten Netzwerkmoderation ist die Netzwerk- und Ressourcenarbeit nicht beendet. An dieser Stelle abzubrechen und damit den Erfolg aufs Spiel zu setzen, nachdem bereits so viel Aufwand betrieben und der professionellen wie auch der Klientenseite so viel Engagement abverlangt wurde, wäre schade. Die folgenden Schritte sind daher wichtig für den Transfer der Vereinbarungen in den Alltag der Klient(inn)en und damit für die Nachhaltigkeit des Vorgehens.

11.1 Nachbesprechung und Dokumentation

Die Nachbesprechung findet zwischen dem/r Familienhelfer(in) und dem/r Moderator(in) statt: Wie ist es gelaufen? Konnten Allparteilichkeit und Prozessverantwortung gewahrt werden? Konnten tragfähige Lösungen erarbeitet werden? Was kann für weitere Moderationen aus den Erfahrungen gelernt werden? Die Nachbesprechung mündet in das Ausfüllen der *Dokumentationsbögen*. Sie dienen der Qualitätssicherung und können für die Planung weiterer Moderationen oder anderer Hilfeschritte in der Familie herangezogen werden. Darüber hinaus spiegeln sie den Entwicklungsprozess und den Kompetenzgewinn der Einrichtung im Umgang mit der Methodik wider: Erfahrungen, die in den Moderationen gesammelt wurden, können Kolleg(inn)en in ihrem eigenen Lernprozess unterstützen; Fragen, die am Anfang auftauchten, sind später vielleicht leicht zu beantworten oder stellen sich als nicht mehr so zentral heraus. Die *Dokumentationsbögen* befinden sich im Anhang. Eingetragen werden dort auch die getroffenen Vereinbarungen in Form des Handlungsplanes, wie er während der Moderation von den Beteiligten entwickelt wurde (s. Kap. 10.3). Er ist Teil der *Dokumentationsbögen* und wird von dem/r Moderator(in) an alle Beteiligten verschickt.

11.2 Umsetzung in den Alltag überprüfen und gegebenenfalls weitere Treffen planen

Es ist die Aufgabe des/r Familienhelfers/in bzw. Bezugsbetreuers/in, nach erfolgter Netzwerkmoderation die Umsetzung der Vereinbarungen in den Alltag der Familie zu verfolgen. Das passiert im Rahmen der regulären Betreuung dadurch, dass er/sie das Thema immer wieder auf den Tisch holt, nachhakt, sich berichten lässt und bei der Planung weiterer Schritte unterstützt. Wie bereits weiter oben geschildert, kann es in Ausnahmefällen sinnvoll sein, eine begleitete Konfliktklärung zwischen einzelnen Netzwerkpartnern anzubieten (s. Kap. 8). Falls in der Moderation weitere Treffen vereinbart wurden, wiederholt sich das Vorgehen für Planung und Vorbereitung, wobei manche Schritte, wie beispielsweise die Erhebung der klienteneigenen Ressourcen oder die Auswahl der einzuladenden Netzwerkmitglieder, entfallen können, falls sich nicht wichtige Änderungen ergeben haben. Zu gegebener Zeit wird bei der Vorbereitung wieder ein(e) Moderator(in) hinzugezogen.

11.3 Ressourcen- und Netzwerkarbeit fortführen

Die *Ressourcenorientierte Netzwerkmoderation* ist lediglich ein Ausschnitt der Netzwerk- und Ressourcenarbeit im Setting ‚Soziale Arbeit'. Nach einer oder mehreren erfolgreich durchgeführten Netzwerkmoderationen kann es sich daher anbieten, mit einem Netzwerkcoaching weiterzumachen, also mit Beratungsmethoden, die im Einzelgespräch zur Anwendung kommen. Das betrifft insbesondere die *Ressourcenorientierte Beratung*, die bereits in Kap. 7.4 erwähnt wurde und ausführlich in Friedrich (2010a, S. 82 ff.) vorgestellt wird. Ein Arbeitsblatt dazu findet sich im Anhang. Selbstverständlich ist ein solches Vorgehen nur dann erfolgversprechend, wenn der/die Klient(in) bereit und in der Lage ist – zwar mit Hilfestellung durch die Beratung, aber letztlich doch eigeninitiativ – Unterstützungspartner zu gewinnen. Die Netzwerkmoderation wurde schließlich möglicherweise gerade deshalb gewählt, weil eine unmittelbarere Prozesssteuerung nötig war.

Evaluation eines Pilotprojektes 12

Da die *Ressourcenorientierte Netzwerkmoderation* innovativen Charakter hat und zumindest bisher kein Standardwerkzeug der Kinder- und Jugendhilfe ist, liegen erst wenige Praxiserfahrungen zu dem Verfahren vor. Ermutigend ist jedoch das zunehmende Interesse der Einrichtungen, ihre Mitarbeiter(innen) in der Methodik schulen und in einzelnen Praxisfällen begleiten zu lassen. In Kooperation mit einem Hamburger Träger ergab sich sogar die Möglichkeit, ein kleines Pilotprojekt zur Implementierung der Ressourcenorientierten Netzwerkmoderation zu initiieren und im Rahmen einer Diplomarbeit wissenschaftlich evaluieren zu lassen (Ost 2010). Die folgende Abbildung zeigt den geplanten Projektablauf (Abb. 12.1).

Ein Fall soll an dieser Stelle exemplarisch vorgestellt werden, um einen Eindruck von dem Projekt zu gewinnen. Er wurde Ost (2010) entnommen.

Netzwerkmoderation mit Familie F.
Betreut wird Familie F. seit einem knappen Jahr im Rahmen einer Familienhilfe. Der Betreuer überlegte gemeinsam mit der Mutter, welche Netzwerkmitglieder für eine Netzwerkmoderation infrage kämen. Letztlich wurden die Großmutter der Kinder, die Großcousine der Mutter und die beste Freundin der Mutter eingeladen, welche auch alle erschienen sind. Das jüngste Kind war nicht anwesend.

Zur Familie: Frau F. ist eine alleinerziehende Mutter zweier Söhne im Alter von 7 und 11 Jahren. Der Vater der beiden Kinder wohnt im selben Haus, die Eltern sind jedoch geschieden.

Familiäre Situation: Der ältere Sohn hat große Schwierigkeiten, regelmäßig in die Schule zu gehen, was die Mutter sehr belastet und was sie als Hauptproblematik angibt. Zudem gibt es einen Konflikt zwischen den Eltern und unterschiedliche Erziehungsstile, die eine gemeinsame Erziehung

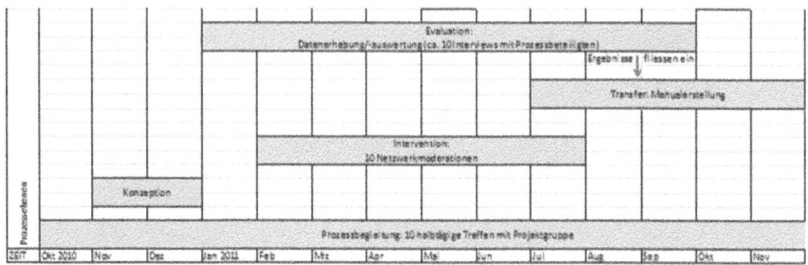

Abb. 12.1 geplanter Projektablauf

erschweren. Die Mutter möchte ihren Exmann nicht mehr treffen und wollte ihn auch nicht zur Netzwerkmoderation einladen, um ihn an der Lösung des Problems zu beteiligen. Die Familie sei aber motiviert und bereit, etwas an ihrer Situation zu verändern. Außerdem habe sie Ressourcen und ein relativ gut funktionierendes Netzwerk, weshalb der Betreuer den Vorschlag einer Netzwerkmoderation einbrachte und dieser sofort aufgenommen wurde.

Ziele der Netzwerkmoderation: Das Unterziel der Netzwerkmoderation war es, das soziale Netzwerk um Unterstützung zu bitten, damit der ältere Sohn wieder motivierter zur Schule gehen kann und sich allgemein wieder wohler fühlt (Hauptziel). Während der Netzwerkmoderation entstand noch das Unterziel, dass das Kind mehr Selbstvertrauen gewinnt.

Eingesetzte Methoden im Vorfeld: Der Betreuer erstellte im Vorfeld eine Kraftquellenkarte mit der Hauptperson, dem älteren Sohn, und eine mit dessen Mutter. In der Netzwerkmoderation wurde aber nur die des Kindes vorgestellt, um die Teilnehmer nicht zu verwirren oder von der Hauptperson abzurücken, um sich eher den Problematiken der Mutter zuzuwenden. Zudem hatten Betreuer und Klient Collagen erstellt, die Wünsche und Hobbies des Klienten visualisierten.

Beschreibung des Ablaufs der Netzwerkmoderation: Die Teilnehmenden erschienen alle gleichzeitig und wurden von Betreuer und Moderator in einen Raum mit zwei Sofas geführt, den der Betreuer gemeinsam mit seinem Klienten, dem Sohn von Frau F., hergerichtet hatte. An der Wand hingen die Ressourcenkarte von der Hauptperson und seine beiden Collagen. Alle Beteiligten duzten sich. Im Verlauf der Netzwerkmoderation entstand eine sehr lockere und ertragreiche Atmosphäre, die Teilnehmenden konnten viele eigene Ressourcen und die des Kindes benennen, wobei die Hauptperson selbst sich meistens aus den Gesprächen heraushielt und mehrmals den Raum verließ. Ab und zu wurde das Treffen gestört durch die Kinder einer Teilnehmerin, die nebenan spielten und etwas für Unruhe sorgten. Die moderierende Fachkraft wurde mehrere Male vom Betreuer unterstützt, so dass sich bald eine Rollendiffusion ergab. Der Handlungsplan wurde auf den Tisch gelegt und dort beschrieben, nachdem der Moderator alle verfügbaren Ressourcen auf Karteikarten gesammelt und auf einen Flipchartständer geklebt hatte.

Beide Fachkräfte waren mit dem Verlauf zufrieden, wenngleich der Moderator seine Rollenaufgabe kritisch hinterfragt hat und auch die Ziele mit den Vereinbarungen infrage gestellt wurden, dadurch, dass sie teilweise schlecht messbar sind. Eine zweite Netzwerkmoderation ist aber in Planung und auch die Mutter gibt an, dass das Treffen ihr sehr viel Kraft und Energie gegeben hätte. Auch würde sich dahingehend Nachhaltigkeit zeigen, als dass der Sohn jetzt gerne zur Schule geht (vorher fand allerdings ein Schulwechsel statt) und die Mutter sich nun für eine Kur entschlossen hat, nach Aussage des Betreuers aufgrund ihres neuen Bewusstseins des sie unterstützenden sozialen Netzwerkes.

entnommen aus: Ost 2010, S. 76 f.

Dass letztendlich anstelle der geplanten zehn Netzwerkmoderationen lediglich drei in dem Projektzeitraum stattfanden, zeigt einmal mehr, wie viel Zeit der Praxistransfer, insbesondere von komplexen und voraussetzungsreichen Methoden, in die Soziale Arbeit braucht.

Implementierungen gelingen dann, wenn alle relevanten Beteiligten sich darauf einigen, sie in der Praxis auch tatsächlich umzusetzen. Sie müssen also das gemeinsame Ziel verfolgen, zum Gelingen der Implementierung beizutragen. Das bedeutet, dass jede und jeder einzelne von ihnen eine persönliche Motivation entwickeln muss, die es ihr oder ihm ermöglicht, durch konkretes Handeln [in diesem Fall durch die Vorbereitung und Durchführung einer Moderation, A.d.V.] den Praxistransfer voranzutreiben. Aus der Arbeit mit Klienten und Klientinnen an individuellen Zielen wissen wir, dass diese nur dann erreicht werden, wenn sich die Betroffenen aktiv dafür entscheiden. Ein Ziel, das nicht wirklich ein eigenes ist, hinter dem keine persönliche Motivation steckt, wird bewusst oder unbewusst *torpediert*. Gleiches gilt für kollektive Ziele, insbesondere, wenn es zur Zielerreichung notwendig ist, dass viele Beteiligte an einem Strang ziehen, was i. d. R. für Implementierung und Verstetigung von Innovationen gilt. Eine Innovation, die den Weg in die Praxis schaffen will, muss demnach diejenigen, die sie umsetzen sollen, überzeugen. Sie müssen es als nachvollziehbar und gerechtfertigt empfinden, dafür zusätzliche Zeit und Energie bereitzustellen – denn das bedeutet die Umstellung von Strukturen und Abläufen zunächst immer. […] Dafür sind Zeit für Reflexionen sowie Entscheidungsspielräume in der Ausführung notwendig. Der Weg der Aneignung geht über Beteiligung; Partizipation ist ein Schlüssel erfolgreicher Projektimplementierung. Es ist nach meiner Erfahrung wichtig, aufkommende Fragen und Bedenken der Praktiker und Praktikerinnen nicht als destruktiven Widerstand zu werten und sich als Projektentwicklerin bzw. Leitung gekränkt zu fühlen und verärgert zu zeigen. Vielmehr sollte auch die kritische Beschäftigung mit den Inhalten und Anforderungen als Zeichen eines Ringens um die Aneignung des Zieles verstanden werden, die eine notwendige Bedingung für einen erfolgreichen Praxistransfer darstellt. Hilfreich ist es, dieses Verständnis rückzuspiegeln und damit zur aktiven Auseinandersetzung und Aneignung einzuladen, ebenso bereits bei der Projektplanung Spielräume frei zu lassen und Beteiligungsverfahren einzubauen. (Friedrich, 2012)

Das alles wurde in dem Pilotprojekt zur Implementierung der *Ressourcenorientierten Netzwerkmoderation* weitestgehend berücksichtigt, so dass eine produktive Arbeitsatmosphäre entstehen konnte, die dazu führte, dass sich alle Beteiligten intensiv mit der Methode auseinandersetzten und ernsthaft bemüht waren, sie auf ihre Passgenauigkeit hin zu überprüfen und weiterzuentwickeln. Dennoch fehlte bei manchen letztendlich der Mut zum „Sprung ins kalte Wasser", die Bereitschaft, es einfach einmal auszuprobieren. Möglicherweise hätte die auftraggebende Leitungskraft den Mitarbeiter(inne)n gegenüber noch sichtbarer werden können in ihrem Implementierungswunsch.

Aus meiner Erfahrung scheitern Implementierungen neben anderen Gründen an einer nicht sichtbaren Leitung. Die Leitungskraft einer Einrichtung, innerhalb derer eine Neuerung Eingang in die Praxis finden soll, muss erkennbar und ‚mit klaren strategischen Zielen, (Kliche 2010, S. 135) hinter dieser Neuerung stehen. Sie muss gegenüber ihren Mitarbeitern und Mitarbeiterinnen deutlich machen, dass sie die Neuerung will und dass sie möchte, dass diese sie umsetzen. […] Keinesfalls sollte die Leitungskraft die Aufgabe, für die Neuerung und ihren Transfer in den Arbeitsalltag zu werben, vollständig an externe Moderatoren delegieren und sich den Bedenken ihrer Mitarbeiter und Mitarbeiterinnen anschließen. Damit wird sie ihrer Rolle als Ansprechpartnerin im Implementierungsprozess nicht gerecht, die von ihr bei allem Verständnis für die Bedenken und aller Offenheit für Adaptionswünsche auch erwartet, für die Neuerung zu *brennen* und somit Orientierung zu geben. (Friedrich, 2012)

Ein starker Implementierungswunsch der Leitungskraft war in diesem Projekt vorhanden und hat die Motivation der Mitarbeiter(innen) sicherlich befördert:

Ich möchte, dass hier im Verein dieser Netzwerkgedanke und Methoden der Netzwerkarbeit quer [durch] alle Abteilungen ein Stückchen präsenter werden. […] Und da gehört es dazu, dass ich auch Gruppen moderieren kann. Und da war mir klar, das müssen die Kollegen genau wie das andere, nämlich die Arbeit mit *Netzwerkkarten* oder vermeintlichen Familien, die dafür „nicht geeignet" sind, das muss man ... in der Praxis ausprobieren. Und das war der Hintergrund zu sagen: ‚Okay, dann machen wir diesen Versuch jetzt. (Interviewzitat aus Ost 2010, S. 59)

Leitungskräfte in der Sozialen Arbeit scheuen sich aber oft, die konkrete Umsetzung des Gelernten in die Berufspraxis von ihren Mitarbeiter(inne)n tatsächlich einzufordern, was sich in Implementierungsprozessen nachteilig auswirken kann. Ob das in diesem Fall so bzw. ausschlaggebend war oder es gänzlich andere Gründe hatte, dass der ursprüngliche Plan nicht umgesetzt wurde, ist an dieser Stelle schwer zu entscheiden.

Möglicherweise wäre aber der gezielte Einsatz von Transfergesprächen (Boiger und Lüdemann 2003) förderlich gewesen. Transfergespräche vor und nach Fort- und Weiterbildungen unterstützen den Transfer des Gelernten in die Berufspraxis und sind darum ein wertvolles Handwerkszeug für Leitungskräfte, die ja immer auch ein wenig in der Rolle von Personalentwicklern sind und zudem das Profil des Teams bzw. der Einrichtung durch die Auswahl und Förderung von Fortbildungen entwickeln.

Exkurs
Transfergespräche sind am effektivsten, wenn sie in Einzelgesprächen zu drei Zeitpunkten durchgeführt werden: vor der Fortbildung, unmittelbar nach der Fortbildung und mit etwas zeitlichem Abstand. Die drei Gespräche bauen aufeinander auf, erfüllen dabei aber unterschiedliche Zwecke. Das Gespräch vor der Fortbildung dient der Klärung der Erwartungen an die Fortbildung. Hilfreiche Fragen sind beispielsweise:

- Warum möchtest du diese Fortbildung besuchen?
- Was versprichst du dir davon?
- Welchen Wissens- und/oder Kompetenzzuwachs erhoffst du dir?
- Auf welche Weise planst du, das Gelernte in den Arbeitsalltag zu integrieren?

Im Gespräch unmittelbar nach der Fortbildung wird die Transferplanung konkretisiert:

- Wie hat dir die Fortbildung gefallen?
- Was hast du mitgenommen?
- Auf welche Weise wirst du das Gelernte in den Arbeitsalltag integrieren? Wie genau?

- Wo erwartest du Stolpersteine und wie kannst du dir gute Bedingungen schaffen?
- Was wünschst du dir diesbezüglich von mir als Leitung?
- Welche Absprachen können wir treffen?

Nach einer Zeit, die von beiden Seiten als passend für die Umsetzung des Gelernten in die Berufspraxis angesehen wird, wird ein drittes Gespräch geführt, um die Ergebnisse zu sichern. Hilfreiche Fragen sind beispielsweise:

- Wie präsent ist dir die Fortbildung noch? Was hast du umsetzen können?
- Welche Erfahrungen hast du damit gemacht?
- Wo hattest du Erfolgserlebnisse?
- Wo tauchten Hürden auf und wie bist du damit umgegangen?
- Wenn bisher nichts umgesetzt wurde: Wie kannst du zukünftig verhindern, dass dir die Fortbildungsinhalte „wegrutschen"?
- Für die weitere Umsetzung der Fortbildungsinhalte: Was wünschst du dir diesbezüglich von mir als Leitung? Welche Absprachen können wir treffen?

Trotz der geringen Anzahl an durchgeführten Moderationen lassen sich aber aus den Evaluationsergebnissen wertvolle Schlüsse zu den Gelingensfaktoren und Stolpersteinen des Verfahrens ziehen, da alle Prozessbeteiligten, also sowohl die Praktiker(innen) und ihre Leitung als auch die Klient(inn)en, ausführlich zu ihren Erfahrungen mit der Methode befragt wurden. Wichtig ist, an dieser Stelle darauf hinzuweisen, dass die Evaluation des Pilotprojektes nicht die Erforschung der Wirksamkeit des Verfahrens zum Ziel hatte. Dazu ist ein anderes, sehr viel aufwändigeres Forschungsdesign notwendig, das aber erst dann Sinn macht, wenn alle Voraussetzungen für einen konzepttreuen Einsatz der Methode in der Praxis gegeben sind. Und auch dann bleibt es eine Herausforderung, weshalb es so wenig Wirksamkeitsforschung in komplexen Arbeitsfeldern wie der Sozialen Arbeit gibt. Selbst das *Wraparound-Konzept*, das seit mehreren Jahrzehnten flächendeckend in der Praxis eingesetzt wird, verfügt trotz insgesamt guter Forschungslage nur über eine begrenzte Anzahl an experimentellen Studien, die seine Wirksamkeit überprüft haben (vgl. Friedrich 2008b, S. 137 ff.). Das heißt aber nicht, dass nicht auch qualitative Projektevaluationen wie die des beschriebenen Pilotprojektes zu wissenschaftlich wertvollen und vor allem praxisrelevanten Erkenntnissen führen können.

12 Evaluation eines Pilotprojektes

Auf der Ebene der Praktiker(innen) ist festzustellen,

> dass sich die Haltung der Fachkräfte des Praxisteams dahingehend verändert hat, dass sie in ihren Handlungen mehr Sicherheit gewonnen haben und der Methode der *Ressourcenorientierten Netzwerkmoderation* mehr Chancen einräumen, als es zu Beginn des Projektes der Fall war. Es ist ersichtlich, dass sich jede Fachkraft in den Prozess eingebunden fühlt und involviert ist, und sich das Praxisteam als das Expertentum wahrnimmt, das es braucht, um die Methode weiterzutragen. Wenngleich entgegen der ursprünglichen Planung nur drei praktische Netzwerkmoderationen durchgeführt wurden, ist dennoch ein Wille zur Implementierung der Methode bei den Fachkräften vorhanden und damit auch der Wille, das Fachwissen an die anderen Teams des Trägers weiterzugeben und sich verantwortlich für den Verlauf zu zeigen im Sinne von Beratung und Beistand bei zukünftig durchgeführten Netzwerkmoderationen von Kollegen. (Ost 2010, S. 131)

Trotz der hohen Motivation der beteiligten pädagogischen Fachkräfte und ihrer grundsätzlich positiven Einstellung gegenüber dem Verfahren war eine Hemmschwelle, den Praxistransfer betreffend, spürbar,

> die unter Umständen auf die Sorge vor der praktischen Umsetzung der sehr komplex erscheinenden Abläufe zurückzuführen ist. Eine Rolle kann auch die ungewohnte Trennung der Rollen von Betreuer und Moderator spielen, bei der eine außenstehende Fachkraft sich mit dem Fall auseinandersetzt und während des Prozesses ausschließlich moderiert. Während die Erwartungen bezüglich der Rollenaufteilung im Vorfeld noch unsicher waren, wird die Trennung der Rollen im Nachhinein allerdings als sinnvoll erlebt, dadurch dass eine externe Fachkraft einen anderen Blickwinkel mitbringt und sich der Betreuer auf die eigene Rolle konzentrieren kann. Die Rollentrennung wird auch von allen Teilnehmern akzeptiert und angenommen. (Ost 2010, S. 135)

Die Erfahrungen der befragten Klient(inn)en waren unterschiedlich. Eine Mutter „berichtet im Anschluss, die Sammlung der Ressourcen habe ihr Sicherheit und Stärkung gegeben und hätte ihr die Sorge genommen, immer für alles verantwortlich zu sein" (S. 133). Eine andere Mutter konnte das Vorgehen für sich nicht im gleichen Maße annehmen. Sie „gab an, die soziale Unterstützung wäre lange Zeit von ihren Eltern ausgegangen, die sie nun nicht mehr um mehr Unterstützung bitten könne, weil sie es auch mal alleine schaffen müsse" (S. 133).

Die gewonnenen Erkenntnisse aus den Interviews mit den Prozessbeteiligten stützen die theoretischen Vorannahmen zu dem Rahmen, innerhalb dessen sich die *Ressourcenorientierte Netzwerkmoderation* bewegen sollte, um günstige Bedingungen zu schaffen und somit ihr volles Potenzial zu entfalten. Er lässt sich als Flussdiagramm beschreiben, das Vorbedingungen, Aktion und Konsequenzen des Verfahrens beinhaltet.

Vorbedingungen für die Durchführung einer *Ressourcenorientierten Netzwerkmoderation* sind demnach auch aus Sicht der Beteiligten, dass überhaupt ein soziales Netzwerk vorhanden ist und dass die Netzwerkorientierung des/r einladenden Klienten/in bzw. der einladenden Familie nicht zu negativ ist. Damit geht dann auch die für dieses Vorgehen notwendige Veröffentlichungsbereitschaft einher. Eine grundsätzliche Reziprozität in den Unterstützungsbeziehungen sollte soweit vorhanden sein, dass sich die Klient(inn)en trauen, ihr Netzwerk um Unterstützung zu bitten, da sie nicht die Angst haben, Gefahr zu laufen, die Reziprozitätsschulden nie wieder zurückzahlen zu können. Die netzwerkorientierte Vorarbeit sollte bereits zu einer Aktivierung der Unterstützungskultur innerhalb der Familie und ihres sozialen Umfeldes geführt haben, die dann in den moderierten Sitzungen weiter gefördert und verstärkt wird. Eine weitere Vorbedingung für den erfolgreichen, sprich zielführenden Einsatz einer *Ressourcenorientierten Netzwerkmoderation* ist ein bestehender Veränderungswunsch bzw. ein erlebter Veränderungsdruck auf Seiten des/r Klienten/in.

Als Wirkfaktor in der Netzwerkmoderation wird dann erwartungsgemäß die Ressourcenorientierung wahrgenommen. Sie ist selbstwertstärkend und schließt gleichermaßen die Analyse und Aktivierung der sozialen wie auch der personalen Ressourcen ein, um die Mitwirkung des/r einladenden Klienten/in zu sichern, die Reziprozität zu wahren und Selbstwertschwächung, die durch das Gefühl von Abhängigkeit entstehen kann, zu vermeiden. Das Vorgehen ist entsprechend dem Verständnis von Ressourcenorientierung partizipativ und transparent (Friedrich 2010b), um die Mitwirkungsbereitschaft und Verantwortungsübernahme aller Beteiligten zu fördern.

Als Konsequenz des Verfahrens wird das Empowerment des/r einladenden Klienten/in bzw. der einladenden Familie und ihres Netzwerkes beschrieben. Durch die Einhaltung der getroffenen Vereinbarungen und die damit verbundene Umsetzung der in der Sitzung aufgestellten Handlungspläne bis hin zur Zielerreichung werden das individuelle und das kollektive Selbstwirksamkeitserleben gesteigert (Abb. 12.2)[1].

Die Evaluationsergebnisse zeigen aber auch, dass die Praktiker(innen) in der ersten Umsetzungsphase noch nicht alle relevanten Bestandteile der *Ressourcenorientierten Netzwerkmoderation*, die theoriegeleitet sowie unter Kenntnis verwandter Verfahren als Wirkfaktoren angenommen werden, in die Praxis umgesetzt haben. Beispielsweise konnte festgestellt werden, dass die in den Moderationssitzungen mit der Familie und ihrem Netzwerk getroffenen Vereinbarungen im Anschluss an die Treffen nicht zufriedenstellend umgesetzt wurden. Hier zeigt

---

[1] entwickelt in Zusammenarbeit mit Janina Ost.

12 Evaluation eines Pilotprojektes

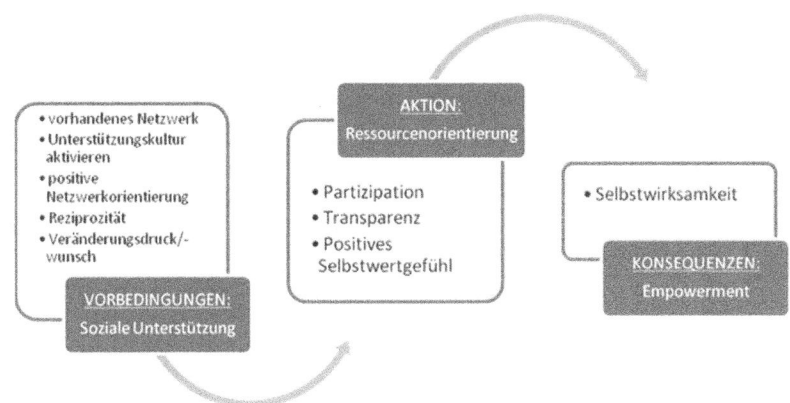

Abb. 12.2 Flussdiagramm der *Ressourcenorientierten Netzwerkmoderation*

sich die Relevanz einer Dokumentation. Sie ist fester Bestandteil des Konzeptes der *Ressourcenorientierten Netzwerkmoderation* (s. Kap. 11.1), wurde aber von den Moderator(inn)en des Pilotprojektes vernachlässigt. Auch die Konkretisierung der Handlungsschritte sowie ihr Risikocheck wurden tendenziell zu grob gehalten, was Ost zu der Forderung führt, die Wichtigkeit des Handlungsplanes in der Sitzung zu kommunizieren. Anderenfalls bestehe die Gefahr, dass die Familie dem Plan nicht die Bedeutung zumesse, die notwendig sei, um ihn als den eigenen anzuerkennen und zeitnah umzusetzen (vgl. Ost 2010, S. 140).

> Auch der Risikocheck, der den Handlungsplan auf versteckte Stolpersteine hin untersucht, spielt eine wichtige Rolle für den Verlauf und die Umsetzung der Vereinbarungen. In dieser Phase der Netzwerkmoderation kann durch die abschließende Beschäftigung mit den Risiken der Vereinbarungen dem oben erwähnten Bedeutungsverlust vorgebeugt werden. (Ost, 2010, S. 140)

Es geht also nicht ausschließlich darum, auf Seiten der Klient(inn)en die notwendigen Bedingungen zu erkennen und zu befördern, unter denen eine *Ressourcenorientierte Netzwerkmoderation* nutzbringend sein kann. Auch auf Seiten der Fachkräfte – Moderator(inn)en und in der Moderation anwesende Betreuer(innen) – gilt es, Voraussetzungen zu schaffen, die eine relativ konzepttreue Umsetzung des Grundgedankens, der entsprechenden Haltung und der einzelnen Phasen ermöglichen. Ost resümiert: „Als Gelingensfaktoren der Netzwerkmoderation kann man letztlich […] die Bereitschaft zur Veränderung, eine ressourcenorientierte Haltung, die sich in den Handlungen der betreuenden sowie moderierenden Fachkraft widerspiegelt und konsequent umgesetzt wird, und die Relevanz der Zielformulierungen und Vereinbarungen identifizieren" (2010 S. 135). Und die Erkenntnisse der Evaluation des Pilotprojektes zusammenfassend schlussfolgert sie:

> Für den weiteren Einsatz der *Ressourcenorientierten Netzwerkmoderation* in verschiedenen Kontexten ist es wichtig herauszuarbeiten, welche Motivation das jeweilige Klientel für einen derartigen Unterstützungsprozess mit Blick auf sein privates Netzwerk mitbringt, welche strukturellen Gegebenheiten oder Veränderungen des jeweiligen Trägers einen Einfluss auf den Prozess haben könnten und inwieweit das Konzept der *Ressourcenorientierten Netzwerkmoderation* der jeweiligen Einrichtung und der spezifischen Praxis angeglichen werden sollte, um eine erfolgreiche Implementierung zu ermöglichen. (2010, S. 137)

Schlusswort 13

Mit diesen Überlegungen im Hinterkopf, deren Betrachtung sicherlich zu wichtigen Erkenntnissen und möglicherweise auch zu einer Weiterentwicklung der Methode führen wird, möchte ich Einrichtungen der Sozialen Arbeit und ihre Leitungskräfte und Praktiker(innen) ausdrücklich dazu ermutigen, die *Ressourcenorientierte Netzwerkmoderation* zu erproben und in die Praxis zu implementieren. Es gibt viele gute Gründe dafür, die in diesem Buch ausführlich beschrieben wurden. Einen möchte ich abschließend noch hinzufügen: Das Vorgehen ändert nicht nur den Blick auf das Potenzial, das in den betreuten Familien steckt, es ist vielmehr, wie alle explizit ressourcenorientierten Ansätze, auch geeignet, die Psychohygiene der professionellen Helfer(innen) zu fördern. Die ressourcenorientierte Grundhaltung vermag pädagogische Fachkräfte aus dem „Sumpf" der Defizitfokussierung mit seinen unangenehmen Begleit- und Folgeerscheinungen des Zynismus' und drohenden Burnouts zu führen (s. Kap. 3.4). Sie ermutigt die Fachkräfte zudem, die eigenen Ressourcen in den Blick zu nehmen, sie zu erkennen, zu fördern und achtsam mit ihnen umzugehen. Denn Ressourcenorientierung macht nicht bei der Arbeit mit den Klient(inn)en Halt – wird ihr wohltuender Charakter erst einmal erfahren, wächst schnell das Bedürfnis, diese Grundhaltung auf dem Umgang miteinander im Team und nicht zuletzt auf den Umgang mit sich selbst zu übertragen. Auf diese Weise gelebte Ressourcenorientierung ist aktive Selbstfürsorge. Selbstfürsorge (Psychohygiene) ist selbstverständlich in jedem Beruf wichtig, dort, wo Menschen ihr eigenes professionelles Werkzeug sind, wird sie jedoch zur absoluten Notwendigkeit. Das gilt im besonderen Maße in Settings, in denen mit mehrfachbelasteten Klient(inn)en gearbeitet wird; sorgt aktive Selbstfürsorge doch dafür, handlungsfähig im Umgang mit diesen zu bleiben. (vgl. Scherwarth und Friedrich, 2011, S. 185) „Es ist kein egoistisches oder überflüssiges Anliegen, sich um die eigene Psychohygiene zu kümmern, sondern es wäre vielmehr egoistisch, es nicht zu tun, und damit dafür zu sorgen, im Klientenkontakt nicht mehr nützlich zu sein. Das soll nun wiederum nicht so verstanden werden, als sei Selbstfürsorge lediglich eine weitere Anforderung, die es zu erfüllen gilt, um optimal zu funktionieren. Damit verkehrt sie sich in ihr Gegenteil! Es geht letztendlich darum, sich selber die Erlaubnis zu geben, auch im Berufsleben gut für sich zu sorgen. Denn je besser Fachkräfte mit sich selber umgehen, desto besser können sie auch mit Anderen umgehen" (Scherwath und Friedrich 2011, S. 186). Genau diese so wichtige Erlaubnis vermag Ressourcenorientierung zu geben.

Anhang 14

14.1 Katjas Fall

Katja ist 16 Jahre und konsumiert bereits seit drei Jahren **Drogen**. Angefangen hatte es mit Zigaretten, dann kam Cannabis dazu, vor einem Jahr MDMA (Ecstasy), hauptsächlich, um **in ihrer Clique Anschluss zu finden**. Und der Konsum wurde regelmäßiger. MDMA vermindert das Hungergefühl, besonders junge Mädchen motiviert daher auch der Gedanke abzunehmen zum Konsum. So auch in Katjas Fall: Sie **fühlt sich extrem unwohl mit ihrem Gewicht** und wiegt auch tatsächlich deutlich zu viel für ihre Größe. Sie ernährt sich unregelmäßig, wartet zu lange über den Hunger hinaus, um abzunehmen, was in wahre Essanfälle mündet, in denen sie alles – insbesondere Kalorienreiches – in sich hineinstopft.

Mit ihren Eltern versteht sich Katja eigentlich gut und kann auch verstehen, dass sie sich sorgen. In letzter Zeit hat sie sich aber immer stärker von ihnen abgekapselt und sie kaum noch an sich heran gelassen. Eine Folge des MDMA-Konsums sind depressive Verstimmungen, der sogenannte **„psychische Kater"**.

Weil es ihr immer schlechter ging, hat Katja inzwischen erkannt, dass ihr die Clique nicht gut tut und sie hat versucht, die Drogen aufzugeben. Für ein paar Wochen ist ihr das auch geglückt, dann hat sie sich aber doch wieder mit ihrer alten Clique getroffen und ist rückfällig geworden. Um endgültig da heraus zu kommen, braucht sie Unterstützung. In der Familie ist jetzt eine Familienhelferin, die mit ihr arbeitet. Sie hat ihre Stärken und Kraftquellen herausgearbeitet und ihren Wusch, **clean zu werden und abzunehmen** (da der Drogenkonsum auch einen ineffektiven Lösungsversuch darstellt), **als Ziel für eine Netzwerkmoderation** formuliert.

Eingeladen sind Katjas Bruder **Mark**, der für sie ein wirklicher Ansprechpartner ist, ihre **Eltern** und eine Schulfreundin (**Lisa**), zu der der Kontakt nach wie vor gut ist, auch wenn Katja aufgrund ihres Drogenkonsums in den letzten Monaten nur unregelmäßig in der Schule war. Sie ist dadurch in ihren Schulleistungen zwar stark abgerutscht, aber noch nicht akut gefährdet, den Realschulabschluss am Ende des nächsten Schuljahres nicht zu schaffen. Schulisches steht darum bei der Netzwerkmoderation vorerst nicht auf der Agenda, die Gesundheitsziele haben erst einmal Vorrang.

Weiterhin kommen die **Familienhelferin**, die seit zwei Monaten mit ihr arbeitet und auch bereits Gespräche mit den Eltern geführt hat, sowie der **Gitarrenlehrer** aus dem Jugendclub, der Katja schon seit 5 Jahren kennt und ihr über ihr musikalisches Talent helfen möchte, von den Drogen wegzukommen und mehr Selbstbewusstsein zu bekommen. Katja hatte eine Zeitlang recht regelmäßig Gitarre geübt und ist auch zum Unterricht gekommen, allerdings seitdem sie MDMA nimmt nicht mehr. Sie möchte das Gitarrenspiel aber gerne wieder aufnehmen.

14.2 Mein soziales Netzwerk

Wer gehört zu deinem Netzwerk?
Wer spielt eine Rolle in deinem Leben?
Im inneren Kreis stehen deine wichtigsten Bezugspersonen.

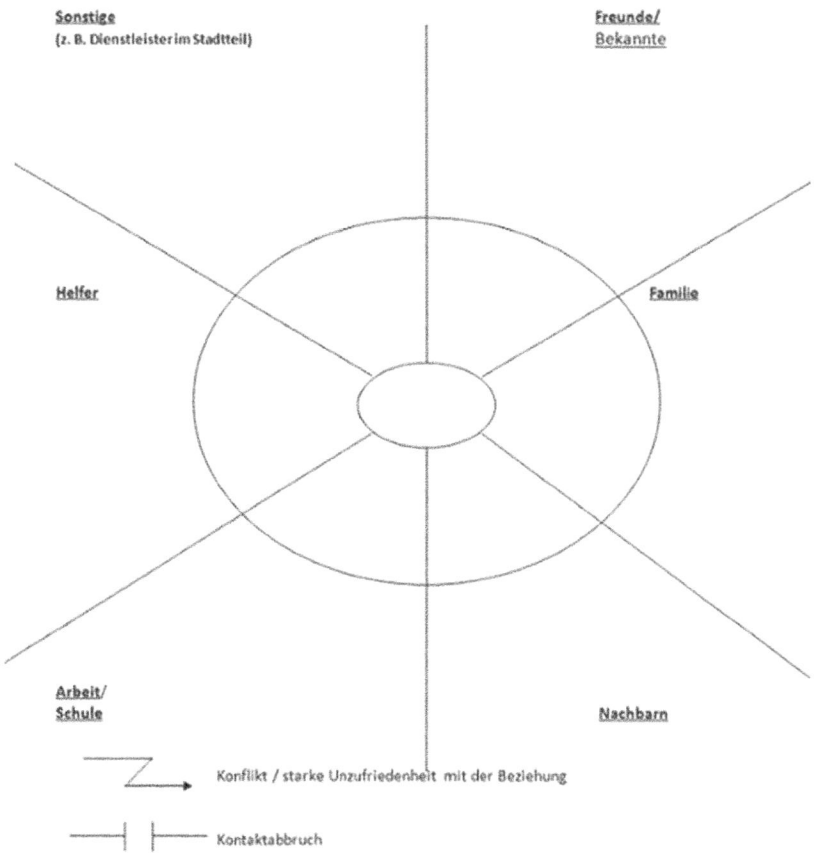

14.3 Unterstützungskarte

Unterstützungsnetzwerk von _____

Wer unterstützt mich und ⇨ **wen unterstütze ich?** ⇦

- Geld leihen
- Umzug
- Trost/Aufmunterung
- Kinderbetreuung
- Rat geben
- Zuhören

14.4 Meine Ressourcen: Was gibt mir Kraft?

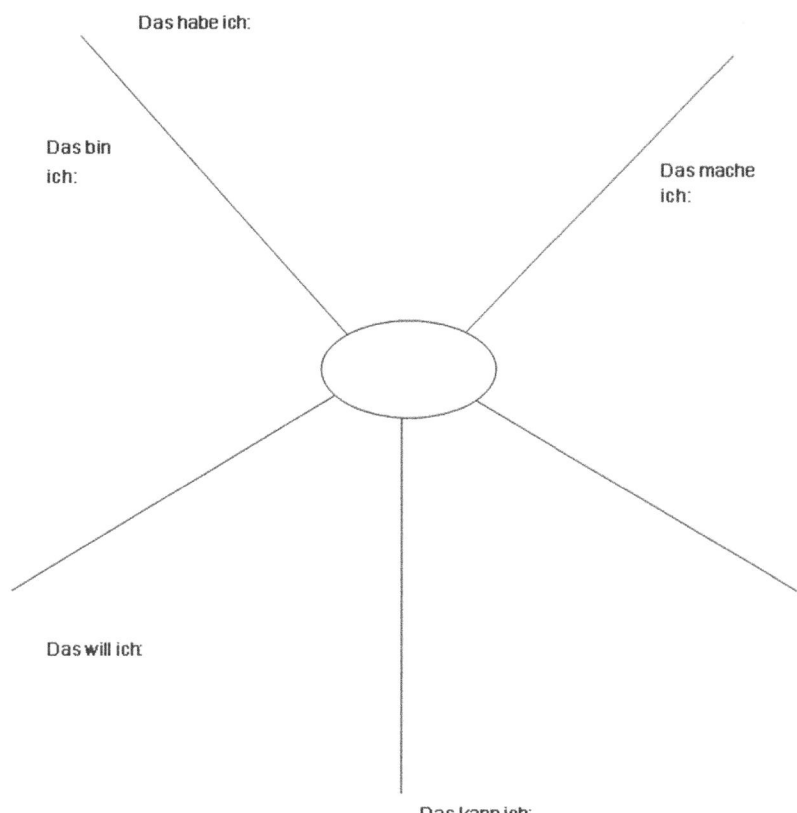

14.5 Ressourcenorientierte Erhebung der Familienkultur

Wen zählt ihr zu eurer Familie?

Welche guten Traditionen, Bräuche oder Rituale habt ihr?

Worüber lacht ihr gemeinsam?

Was wird bei euch gekocht –gibt es ein Familiengericht, das alle mögen?

Wofür würdet ihr eurer Familie einen Orden verleihen?

Welches Symbol gebt ihr eurer Familie?

14.5 Ressourcenorientierte Erhebung der Familienkultur

Wie feiert ihr Feste?

Was macht euch als Familie aus (besonders/einmalig)?

Was haben die Kinder von den Eltern gelernt?

Was haben die Eltern von den Kindern gelernt?

Welche Werte sind in eurer Familie wichtig?

14.6 Elternressourcen

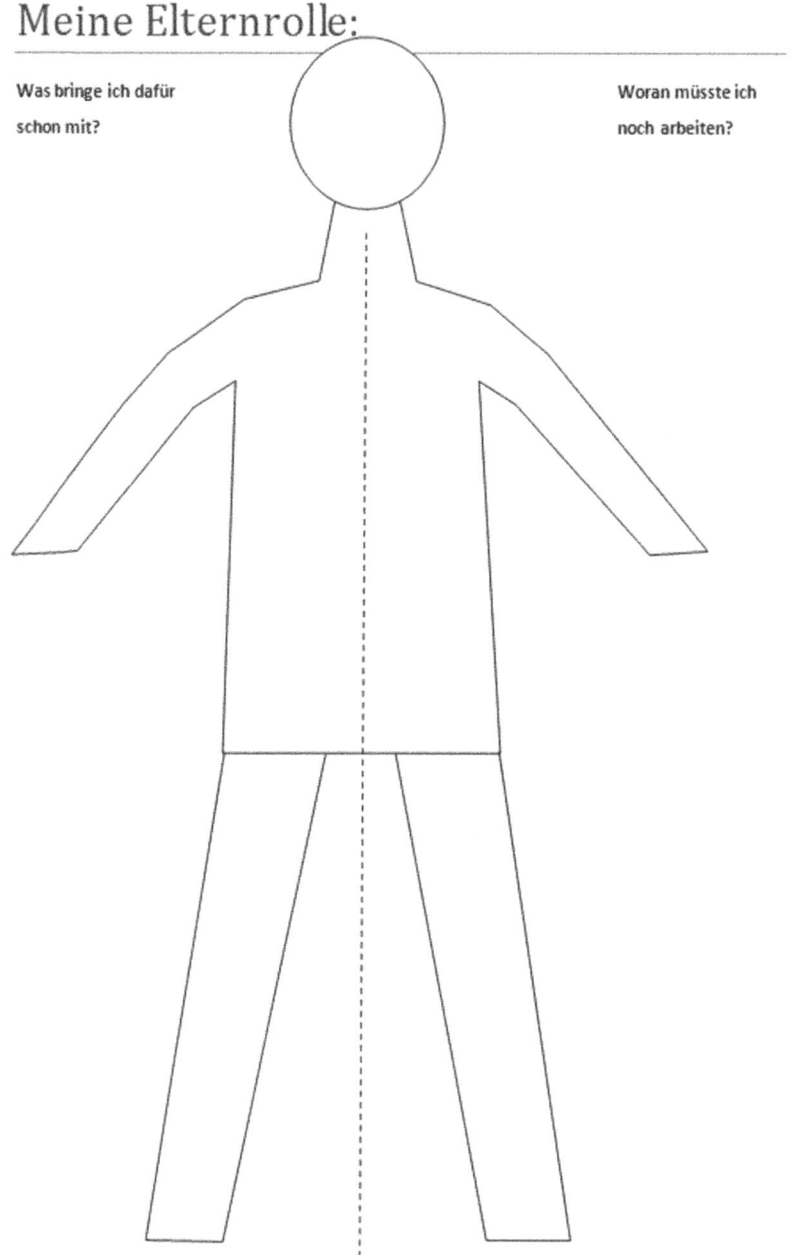

14.7 Ressourcentreppe der Ressourcenorientierte Beratung

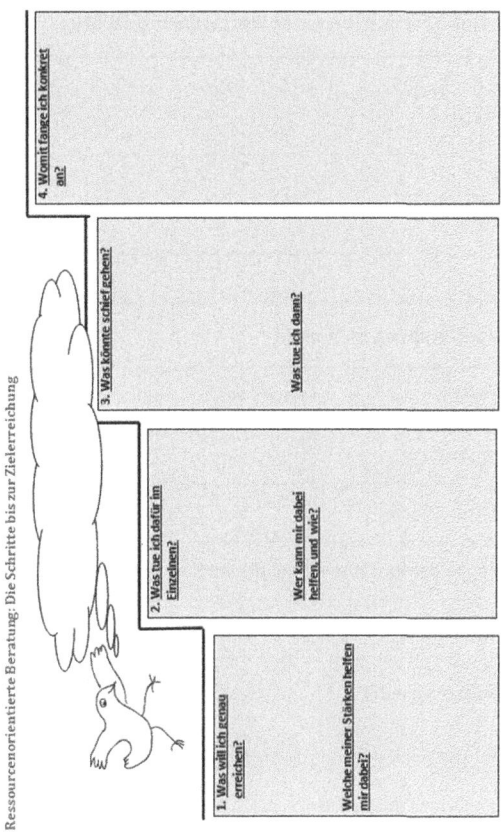

14.8 Dokumentationsblatt

Dokumentation einer Netzwerkmoderation

Familie	
Betreuer(in)	
Moderator(in)	
Ziel(e)	

Netzwerk- und Ressourcenarbeit im Vorfeld

☐	Netzwerkkarte
☐	Unterstützungskarte
☐	Ressourcenkarte
☐	Ressourcentreppe der Ressourcenorientierten Beratung
☐	Sonstiges, und zwar

Eingeladene Netzwerkmitglieder   **zum Treffen erschienen**

_____	☐
_____	☐
_____	☐
_____	☐
_____	☐
_____	☐
_____	☐

14.8 Dokumentationsblatt

Unterziele	Ressourcen	Vereinbarung	Krisenplan
Was wollen wir erreichen?	Was steht uns dafür alles zur Verfügung?	Wer macht was bis wann?	Was kann schiefgehen und was tun wir dann?

Wie ist die Moderation gelaufen? (Einschätzungen/Erfahrungen)

Sind weitere Moderationen in Planung? ☐ Ja/ ☐ Nein

Wenn ja, wann? _____

Nachbetrachtung (nach vier Wochen von dem/r Betreuer(in) auszufüllen)
Weitere Entwicklungen:

14.8 Dokumentationsblatt

Inwieweit wurde das/die in der Netzwerkmoderation verfolgte(n) Ziel(e) erreicht?

Betreuerperspektive

ZIEL	ERREICHUNGSGRAD
1.	Garnicht erreicht — halb erreicht — Voll — Über das erreicht Ziel hinaus
2.	Garnicht erreicht — halb erreicht — Voll — Über das erreicht Ziel hinaus
3.	Garnicht erreicht — halb erreicht — Voll — Über das erreicht Ziel hinaus
4.	Garnicht erreicht — halb erreicht — Voll — Über das erreicht Ziel hinaus

Klientenperspektive

1.	Garnicht erreicht — halb erreicht — Voll — Über das erreicht Ziel hinaus
2.	Garnicht erreicht — halb erreicht — Voll — Über das erreicht Ziel hinaus
3.	Garnicht erreicht — halb erreicht — Voll — Über das erreicht Ziel hinaus
4.	Garnicht erreicht — halb erreicht — Voll — Über das erreicht Ziel hinaus

14.9 Die fünf Phasen der Ressourcenorientierten Netzwerkmoderation

I	Einführung – Wer ist hier?	10 min.

- **Begrüßung** der Teilnehmenden, für das Kommen danken
- **Grund des Zusammentreffens** explizit benennen und in Form des Hilfezieles sowie seiner Unterziele visualisieren.
- Kurze **Vorstellungsrunde**, ergänzt durch die Frage: *Als Sie sich heute hierher auf den Weg gemacht haben, was ging Ihnen da durch den Kopf?* o. ä.
- **Vorstellung des Ablaufs** (Zeiten, evtl. Pausen, Moderatorenrolle, Vorgehen)

II	Ressourcensammlung – Was bringen wir mit?	25-40 min.

- **Vorstellung der Ressourcen des/r Klienten/in** anhand der *Ressourcenkarte*
- **Ergänzung der Ressourcen des/r Klienten/in** durch die Netzwerkmitglieder: *Das ist ja bereits eine ganze Menge. Vielleicht fallen Ihnen trotzdem noch weitere Stärken und Fähigkeiten ein, die K. mitbringt, die hier noch gar nicht stehen.*
- **Klienten/in fragen**, wie es ihm/ihr mit den positiven Zuschreibungen geht.
- **Die Teilnehmenden auffordern, ihre eigenen Ressourcen zu benennen:** *Welche Fähigkeiten oder andere Ressourcen bringen Sie mit,* (die vielleicht eine Unterstützung für den Klienten/in sein könnten, sein/ihr Ziel zu erreichen).
    - **Sammlung auf Karten**; anschließende Vorstellung in der Gruppe

III	Handlungsplan – Worauf einigen wir uns?	30-40 min.

- **Zuordnung der klienteneigenen und Netzwerkressourcen zu den Unterzielen** (in den Handlungsplan übertragen) nach Passung: Was davon kann nützen, die einzelnen Unterziele zu erreichen?
- Unter Einbeziehung der vorhandenen Ressourcen **konkrete Vereinbarungen treffen**

Moderatorenaufgabe ist hier zum einem, zur Ressourceneinbringung zu ermutigen, zum anderen aber auch, darauf zu achten, dass sich niemand unter Druck der anderen übernimmt.

IV	Risikocheck – Was kann schief gehen und was tun wir dann?	15-20 min.

- **Überprüfung des Handlungsplans** auf versteckte Risiken und mögliche Nebenwirkungen
    - Entwicklung von **Gegenmaßnahmen**
    - Identifizierung von kritischen Momenten und **Motivationselementen**
- **Aufstellung eines Krisenplans:** Abbruchkriterien und Notfallmaßnahmen

V	Abschluss – Wie geht es weiter?	10 min.

- **Würdigung des Geleisteten**
- **Treffen konkreter Verabredungen** zum weiteren Vorgehen:
    - Soll es weitere Treffen geben (moderiert oder unmoderiert) und wer übernimmt die Planung?

Abschlussrunde: *Wie gehen Sie jetzt hier raus?*

DANKSAGUNG Ich danke meinem Mann Arne, der den gesamten Entstehungsprozess dieses Buches begleitet und mich unermüdlich unterstützt hat, sowie meiner allerliebsten Schwester Sandra für das Lektorat. Ich bin sehr froh, dass ich euch beide habe! Außerdem danke ich allen Student(inn)en und Praktiker(inne)n, die durch ihre vielfältigen Anregungen und ihre Bereitschaft, das Vorgehen in der Simulation sowie in der Praxis zu erproben, an der Entwicklung der *Ressourcenorientierten Netzwerkmoderation* beteiligt waren.

Literatur

Albers O, Broux A (1999) Zukunftswerkstatt und Szenariotechnik: ein Methodenbuch für Schule und Hochschule. Beltz, Weinheim

Auhagen AE (2004) Das Positive mehren: Herausforderungen für die Positive Psychologie. In: Auhagen AE (Hrsg) Positive Psychologie: Anleitung zum „besseren" Leben. Beltz, Weinheim, S 1–15

Bandow Y, Kubisch-Piesk K, Schlizio-Jahnke H (2011) Familienrat: zur Umsetzung eines neuen Verfahrens im Helfersystem. Vorabdruck. NDV, Berlin

Bandura A (1977) Self-efficacy: toward a unifying theory of behavioral change. Psychol Rev 84:191–215

Bandura A (1986) Social foundations of thought and action: a social cognitive theory. Prentice-Hall, Englewood Cliffs

Boiger A, Lüdemann I (2003) Transfergespräche: damit sich der Seminarbesuch lohnt. Mat. 33, Materialien aus der Arbeitsgruppe Beratung und Training. Universität Hamburg, BuT-Verlag

Bormann B (2008) Als Beteiligte auf die Lösung vertrauen: Homefinding als gemeinsamer Prozess. LEB-Zeit 6:3

Cassée K (2010) Kompetenzorientierung: eine Methodik für die Kinder- und Jugendhilfe, 2. Aufl. Haupt, Bern

Cohn R (2009) Von der Psychoanalyse zur themenzentrierten Interaktion, 16. Aufl. Klett-Cotta, Stuttgart

Felfe J (2006) Transformationale und charismatische Führung: Stand der Forschung und aktuelle Entwicklungen. Zeitschrift für Personalpsychologie 5(4):163–176

Frank R (2010) Wohlbefinden fördern. Klett-Cotta, Stuttgart

Friedrich S (2008a) Netzwerkarbeit in der Sozialen Arbeit: was es zu bedenken gilt, damit die Implementierung gelingt. Unsere Jugend 60(2):72–78

Friedrich S (2008b) Die Aktivierung sozialer Netzwerke in der sozialpädagogischen Familienhilfe. Dissertation, Uni Hamburg. http://ediss.sub.uni-hamburg.de/volltexte/2008/3655/. Zugegriffen: 23. November 2011

Friedrich S, Redlich A, Höck J (2009) Glaube als gesundheitsfördernde Ressource? Life-Dossier „Gesundheit". http://life.epb.uni-hamburg.de/gesundheit. Zugegriffen: 08. Oktober 2011

Friedrich S (2010a) Arbeit mit Netzwerken. In: Möbius T, Friedrich S (Hrsg) Ressourcenorientiert Arbeiten: Anleitung zu einem gelingenden Praxistransfer im Sozialbereich. VS-Verlag, Wiesbaden, S 63–105

Friedrich S (2010b) Transparenz und Strukturiertheit als Wesensmerkmale ressourcenorientierten Arbeitens. In: Möbius T, Friedrich S (Hrsg) Ressourcenorientiert Arbeiten: Anleitung zu einem gelingenden Praxistransfer im Sozialbereich. VS-Verlag, Wiesbaden, S 31–37

Friedrich S (2011a) Trauma und Soziale Arbeit. In: Friedrich S (Hrsg) Umgang mit Traumatisierung an der Schnittstelle zwischen Psychologie, Pädagogik und Sozialer Arbeit. Lulu, Morisville, S 11–26

Friedrich S (2011b) Konkrete Ressourcenorientierung in Schulklassen. In: Praxisratgeber zur Betreuung und Beratung von Kindern und Jugendlichen, Bd 2. Forum-Verlag, Merching

Friedrich S (2012) Nachhaltige Kooperation als Bedingung für kontextsensible Anpassung. In: Bundeszentrale für gesundheitliche Aufklärung (Hrsg) Fachheftreihe der BZgA

Friedrich S, Redlich A (2010) Ressourcenorientierung: für die Gesundheitsförderung konkretisieren!. In: DJI, Universität Hamburg (Hrsg) Gesundheit beginnt in der Familie eine Handreichung. Hamburg, S 44–49

Gawrilow C, Sevincer AT, Oettingen G (2009) Psychologie des Zukunftsdenkens. In: Brandstätter V, Otto JH (Hrsg) Handbuch der Allgemeinen Psychologie: Motivation und Emotion. Hogrefe, Göttingen, S 182–188

Gebler FA (2011) Giving Psychology Away: Nutzen und Fehlentwicklungen der Positiven Psychologie aus existenzieller Sicht. VPP 43(3):597–604

Grawe K, Grawe-Gebler M (1999) Ressourcenorientierung ein primäres Werkprinzip der Psychotherapie. Psychotherapeut 44(2):63–73

Hansbauer P, Hensen G, Müller K, von Spiegel H (Hrsg) (2009) Familiengruppenkonferenz: eine Einführung. Juventa, Weinheim

Herriger N (2006) Stichwort Empowerment. In: Deutscher Verein für öffentliche und private Fürsorge (Hrsg.) Fachlexikon der sozialen Arbeit, 6. Aufl.

Hesse H (2000) Die Antwort bist du selbst: Briefe an junge Menschen. Insel-Verlag, Berlin

Höck J (2011) Die Entwicklung eines Fragebogens zur Erfassung familiärer Ressourcen. unveröffentlichte Diplomarbeit, Universität Hamburg, Fachbereich Psychologie

Huber M (2006) Der innere Garten, 3. Aufl. Junfermann, Paderborn

Kliche T (2010) Wie bekomme ich neue Ansätze in die Praxis? Erfolgsfaktoren für die Verbreitung, Einführung und Verstetigung von Innovationen. In: Möbius T, Friedrich S (Hrsg) Ressourcenorientiert Arbeiten: Anleitung zu einem gelingenden Praxistransfer im Sozialbereich. VS-Verlag, Wiesbaden

Klein S (2002) Die Glücksformel oder: wie die guten Gefühle entstehen. Rowohlt, Reinbek bei Hamburg

Kriener M (2006) Modellprojekt der IGfH in Kooperation mit der FH Münster: Implementation und Evaluation von „Family-Group-Conference (FGC)"-Konzepten – Ein Instrument zur Förderung von mehr Partizipation und Gemeinwesenorientierung bei der Planung von Hilfen? Forum Erziehungshilfen 4:226–228

Kuhnt B, Müllert N (2006) Moderationsfibel Zukunftswerkstätten: verstehen, anleiten, einsetzen, 3. Aufl. AG Spak, Neu Ulm

Langmaack B (1996) Themenzentrierte Interaktion: einführende Texte rund um das Dreieck. Beltz, Weinheim

Möbius T, Friedrich S (Hrsg) (2010) Ressourcenorientiert Arbeiten: Anleitung zu einem gelingenden Praxistransfer im Sozialbereich. VS-Verlag, Wiesbaden

Moos M, Schmutz E (2006) Familienaktivierende Heimerziehung. Abschlussbericht der wissenschaftlichen Begleitung zum Projekt „Neue Formen Familienaktivierender Heimerziehung in Rheinland-Pfalz". Institut für Sozialpädagogische Forschung, Mainz

Oettingen G, Stephens EJ, Mayer D, Brinkmann B (2010) Mental contrasting and the self-regulation of helping relations. Soc Cognition 28(4):490–508
Ost J (2010) Ressourcenorientierte Netzwerkmoderation. Evaluation eines Pilotprojektes in der ambulanten Kinder- und Jugendhilfe. unveröffentlichte Diplomarbeit, Universität Augsburg, Philosophische-Sozialwissenschatliche Fakultät
Portengen R (2009) Social network strategies in foster care. Kongressunterlage. 3rd International Network Conference „Foster Care". Uni Siegen, 22.09.2009
Reddemann L (2008) Psychodynamisch Imaginative Traumatherapie: PITT – Das Manual, 5. Aufl. Klett-Cotta, Stuttgart
Redlich A (2009) Konflikt-Moderation in Gruppen: eine Handlungsstrategie mit zahlreichen Fallbeispielen und Lehrfilm auf DVD. Windmühle, Hamburg
Reiser H (2009) Pädagogische Grundlagen. In: Schneider-Landolf M, Spielmann J, Zitterbarth W (Hrsg) Handbuch Themenzentrierte Interaktion (TZI). Vandenhoeck & Ruprecht, Goettingen, S 43–47
Schulz v Thun F (1996) Miteinander Reden 1. Rowohlt, Reinbek bei Hamburg
Schulz v Thun F (2008) Miteinander Reden 2. Rowohlt, Reinbek bei Hamburg
Schulz v Thun F (1998) Miteinander Reden 3. Rowohlt, Reinbek bei Hamburg
Schwarzer R, Jerusalem M (Hrsg) (1999) Skalen zur Erfassung von Lehrer- und Schülermerkmalen. Dokumentation der psychometrischen Verfahren im Rahmen der Wissenschaftlichen Begleitung des Modellversuchs Selbstwirksame Schulen. Freie Universität Berlin, Berlin
Tietze K-O (2003) Kollegiale Beratung: Problemlösungen gemeinsam entwickeln. Rowohlt, Reinbek bei Hamburg
Tolsdorf CC (1976) Social network, support and coping: an exploratory story. Fam Process 15(4):407–417
Thomann C (1998) Klärungshilfe: Konflikte im Beruf. Methoden und Modelle klärender Gespräche bei gestörter Zusammenarbeit. Rowohlt, Reinbek bei Hamburg
Thomann C, Schulz v Thun F (1997) Klärungshilfe: Handbuch für Therapeuten, Gesprächshelfer und Moderatoren in schwierigen Gesprächen. Rowohlt, Reinbek bei Hamburg
Tuckmann BW (1964) Personality structure, group composition and group functioning. Sociometry 27(4):469–487
VanDenBerg J, Grealish EM (1998) The Wraparound Process: Training Manual. Lynwood Hall Child and Family Centre, Hamilton
Vaux A, Burda P, Stewart D (1986) Orientation Toward Utilization of Support Resources. J Commun Psychol 14:159–170
Veiel HOF (1987) Das „Mannheimer Interview zur sozialen Unterstützung" (MISU). Z klin Psychol XVI(4):442–443
Venezia B (2000) Erkundung von Familienressourcen. In: Vogt K, Venezia B, Torres Mendes C, Redlich A (Hrsg) Die Erkundung von Kraftquellen im Leben der Menschen. Mat. 26. Materialien aus der Arbeitsgruppe Beratung und Training. Universität Hamburg, BuT-Verlag
Vollersten J (2010) Entwicklung und Evaluation eines Therapiebausteins „soziale Netzwerke" zur Unterstützung der Therapie in der Kinder- und Jugendpsychiatrie des evangelischen Krankenhaus Alsterdorf. unveröffentlichte Diplomarbeit, Universität Hamburg, Fachbereich Psychologie
Watzlawik P (1978) Selbsterfüllende Prophezeiung. In: Watzlawik P (Hrsg) Die erfundene Wirklichkeit: wie wissen wir, was wir zu wissen glauben? Piper, München, S 91–110
Weidemann B, Krapp A, Hofer M, Huber G, Mandel H (Hrsg) (1993) Pädagogische Psychologie. PVU, Weinheim

The manufacturer's authorised representative in the EU is Springer Nature Customer Service Centre GmbH, Europaplatz 3, 69115 Heidelberg, Germany. If you have any concerns regarding our products, please contact ProductSafety@springernature.com

Printed and bound by CPI Group (UK) Ltd, Croydon, CR0 4YY

25/03/2026

02078192-0009